撲克牌愛情開運占卜

譚羽晨◎著

第 一 章

了解你的撲克牌

撲克牌的起源

如同許多古老而又神秘的占卜術，撲克牌的起源也是歷史悠久不可考。有人說撲克牌是在七世紀時，由吉普賽人傳至歐洲的；也有人說，十世紀前，就有在印度與中國發現類似的物品，然後在十三、四世紀時傳入歐洲。傳說眾說紛紜，讓後人難以推斷與詳述。

不過有一個傳說是說，撲克牌是從塔羅牌（TAROT）的小秘儀（56張小牌）逐漸演化而來的，在小秘儀中的「權杖」、「聖杯」、「錢幣」、「寶劍」，四組記載1至10的牌，以及「國王」、「女王」、「騎士」、「傑克」四組共56張牌，跟撲克牌的「紅心」、「方塊」、「梅花」、「黑桃」，其在符號意義，以及數量及排序上的相近，讓人很難不對它們產生相關的聯想。

所以假設撲克牌與塔羅牌的小秘儀的確是有某種程度的演化關係的話，或許撲克牌是起源於十三、四世紀的傳說，就會變得更加有說服力。

屬於你的算命撲克牌

市面上所販售的撲克牌林林總總，怎樣選擇一副適合算命的撲克牌呢？而這些撲克牌買來之後又要怎樣對待它呢？以下有幾個要點以為讀者參考。

1. **選擇紙質佳的撲克牌**：撲克牌是市面上相當好取得的一種牌種，紙質如果好的話，使用起來也較不易損壞。市面上有在販售撕不破的撲克牌，如果想要養一副時常在算的撲克牌的話，這種撲克牌倒是不錯的選擇。

2. **牌中圖形有對稱撲克牌**：撲克牌牌中的圖形需要對稱（如紅心2、梅花4），象徵有天地與上下的區別。

3. **選擇反面可分出上下的牌**：即牌的背面有圖形的牌，而圖形的正反與否，能協助算命者分辨出牌正面花色是正還是反。

4. **算命的牌不能當娛樂牌使用**：通常算命的撲克牌最好是跟娛樂牌獨立分開。此外，最好還是用全新的牌，不然算命的準確度會打折扣。

5. **用過後的牌要收好、退休的牌要替它找個善終之處**：一般來說，算命的牌屬於特殊的功能牌，自然對待它的方

式跟普通的撲克牌也就不一樣，讀者可以將它獨立放置在某個地方，或是特別標註為占卜用，免得不清楚的外人拿去當成娛樂牌使用。至於有些算命牌已經破損到不敷使用，畢竟之前它也為你貢獻出不少心力，不妨騰個空間為這些牌找個安身立命之所。

6. **是否要養牌？**想必很多人都對「養牌」這種所謂形而上的東西，抱著一股敬畏之心，甚至害怕是不是對牌怎樣會遭來挾怨報復。建議讀者們對此勿太過迷信，你可以將牌帶在身邊，基本上也只是要增進你跟牌之間的熟悉度，以期可以將這副牌使用的順手（因為有些算命法在算的同時要洗牌），一不順手牌洗的滿地，不但要重洗，還得到處撿四散零落的牌。

算牌的心理準備

　　撲克牌算命跟塔羅牌一樣，算是占卜的一種。藉由牌陣與牌義，來為問命者作解答。一般來說，撲克牌比較著重的是牌陣，幾乎問一種狀況就有一種牌陣，而牌的意象也比較清晰，相對起來解牌也就比塔羅牌容易的多。

　　既然如此，算牌者需要什麼樣的準備？基本上，占卜這種事，可以說是將心理的潛意識表象化的一種表現，所謂「心誠則靈」，如果相信牌的占卜，自然準確度會大大提高，但是跟其他類型占卜一樣，這樣的占卜只是給你做當下的建議而已，如果過度的倚賴牌面所出現的結果，而忽略了應當要去做的努力，即使牌面顯示再怎麼好，運氣也是不會來的！

　　在算命之前，建議先將算牌的區域附近清潔乾淨，一是免於弄髒牌，延長牌的使用壽命；二是有些牌陣需要較大的空間來排列牌陣。算牌時要誠意而且專心，有些牌陣還需要洗某個數字的牌次，如果被打擾就得重來，再加上算牌前可能要在心中默唸問題，所以能靜心的環境對算命者也是頂重要的。

　　有些發問者常會說，「再算一次。」基本上，撲克牌的算命是不允許同個對象、同個問題、同個牌陣，同時間連續使用兩次的，如果想問同一個對象或問題（如要問愛情對象心中的觀感）兩次的話，建議是使用不同的牌陣來算。如果想用同種牌陣重複問同一個問題的話，建議至少要隔一天再算，不過通常建議是十五天後為佳。

　　當算命者身體不舒服的時候不要自己算牌，也不要幫別人算牌，這算是普遍的算牌建議，基本上當身體不太好的時候，算牌的心力與體力相對會比較虛弱，這樣的狀況並不適合算牌。

　　曾有傳聞提到，算撲克牌不適合在晚間以後算，這類的說法應該是跟算牌人的體力及精神狀況有著相關聯的狀況，如果是夜貓子型的算命者，夜半應該是體力跟精神正到顛峰，而是最適合算牌的時候吧！

　　總而言之，撲克牌所算出的算命結果可以當成是一個啟示，算命者最好不要夾雜太多的個人好惡以及情感因素來解牌，但是也不要擔心過多的禁忌而把自己搞得疑神疑鬼。把牌陣顯示出來的結果當成是建議而不是迷信，相信牌也會給你最中肯的答案。

撲克牌的意義

　　吉普賽人很聰明，在撲克牌的54張牌（含鬼牌）裡，可以窺見整個時序的演變，像52張牌代表著一年的五十二個星期，而四種花色就是春、夏、秋、冬四季。52張撲克牌各自有各自的涵義，想對撲克牌的每張牌義有更深了解的讀者可參考附錄「52張牌的正反義」，一般來說，紅色代表女性、黑色代表男性，通常牌面的力度就跟玩撿紅點遊戲很像，數字越大，表示越豐富、能量也越充沛，再配合上花色意義的吉凶，大致就能了解牌陣所要表達的牌義，以下是四種花色的意義：

♥紅心：英文叫做heart（心），是屬於四季裡的春天。代表的意義是「愛情」，象徵著戀愛、結婚、約會等等的喜事，或是指事情順心如意。

♦方塊：英文叫做diamond（鑽石），代表四季裡的夏天，由此可以聯想到跟金錢、財產、經濟相關的議題，也是潛力跟生命力的象徵。

♣梅花：英文叫作club（棍棒、互助的），代表四季裡的秋天，從字意來說有友情、朋友、人緣、工作

的意義，同時也有精神支柱的意味。

♠黑桃：英文叫做spade（鋤頭），但尖長的部分像武
器，所以代表著不甚吉利、辛勞、結果不好的
意思，而黑桃也正是四季當中冬天的代表。

撲克牌用語

　　在算撲克牌之前，當然要先了解一下撲克牌的用語，基本上只要大略知道就好，不必刻意死背，這樣在參考本書時選或擺牌陣時會很方便。

洗牌：用搓牌的方式改變牌的順序。

切牌：將喜好的牌分成二到三堆，變更它們的堆疊順序，並疊回一堆。

分牌：即將撲克牌依需求分好。

擺牌：即擺牌陣的意思，依照牌陣的樣子將牌擺好。

花色牌：即紅心、方塊、梅花、黑桃四種花色。

鬼牌：兩張joker（小丑牌）。

上位序：A、1、2、3、4、5

下位序：K、Q、J、10、9

圖牌：K、Q、J

數字牌：即52張中扣除圖牌的牌。

場牌：即牌陣，最先排列在桌上的撲克牌。

手牌：拿在手上可供運用的牌。

棄牌：不用的牌。

積牌：預先堆積起來的牌。

撲克牌堆：在桌上疊在一起的幾張牌。

頂牌：牌堆最上面的一張牌。

底牌：牌堆最下面的一張牌。

同點牌：花色不同但數字相同的牌。

同花牌：同花色種類的牌。

顛倒牌：上下顛倒的撲克牌。

翻牌：將牌由反面翻向正面，建議翻法是左右翻。

第 二 章

來學習愛情開運牌陣吧！

我愛你

♥牌前說明

這是一個最簡單的牌陣，藉由心靈的祈求，讓撲克牌表現出目前你和他之間的戀情狀態，並且給你一個評估情勢的建議。

♥使用的撲克牌

鬼牌1張（任選）以及52張撲克牌

♥占卜方式

這個占卜方式適合於自己算牌，如果是當場幫朋友算，則所有的動作由對方來進行，只需以口頭提示做法即可。並以對方看牌的方位來幫他解牌。

1. 首先於心中默唸對方的名字3～5次，一邊洗牌，結束後抽出其中一張牌。放在牌陣的第一張。

2. 再度洗牌，心裡面想著對方的樣子，並且想著自己有多麼喜歡這個人，結束後再抽出一張牌，放在牌陣的

第二張。

3. 第三次心裡面默想著對方，並且心中默唸著請將我的心意傳達給對方，一邊洗牌，結束後再抽出一張牌，放在牌陣的第三張。

4. 將這三張翻開（左右翻），這三張牌將顯示你目前的戀情情形。

♥說明

1. 紅心代表女性（如果算命者為女性，則紅心即代表情敵）。

2. 方塊代表男性（如果算命者為男性，方塊則是代表情敵）。

3. 梅花代表朋友以及其他身邊相關人士的奧援。

4. 黑桃則代表阻礙。

5. 鬼牌則是幸運之神，如果有鬼牌，即使有再壞的運都有機會化險為夷。

6. 牌的強度次於鬼牌的為A、K、Q、J、10、9、8、7、6、5、4、3、2……

♥解牌範例

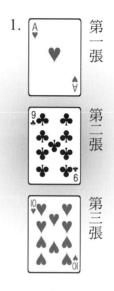

1.

第一張

第二張

第三張

　　如果是女性發問者，這副牌表示對方可能很有異性緣，所以對戀情的進展會有不小的阻礙，但是此發問者能得到朋友的協助幫忙，或能發揮一些加分功效，而對手（紅心A），表示她應是十分受到對方的喜愛，是超級難纏的對手。

　　如果是男性發問者的話，表示這位男性問卜者或許有點小花心喔！目前在這位男生心中可能有一個超級心儀的好對象（紅心A），但是其實可能還有其他可能的替代人選（紅心10），至於友人（梅花9），是個較為沈穩，比

較中肯的友人，或許不能幫助戀情的推波助瀾，但可協助
男方至少以比較平順的心情來面對女方，甚至可說是定心
丸的角色。

　　如果是女性的發問者，方塊A表示此男性是此發問者
心中相當欣賞的男性，但是紅心A情敵卻是相當有競爭力
的對手，而黑桃A的出現似乎是在說明此女性發問者戀情
的可能失敗。

　　如果發問者是男性的話，這副牌則顯示，紅心A這位
女性是此發問者相當喜歡及仰慕的對象，但是女方目前心

中可能有另一個最佳人選（方塊A），而這個方塊A男性
對女方的影響力則造成了發問者戀情的阻礙，而且阻礙力
可謂是幾乎沒有得勝的機會（黑桃A）。

3.

　　以女性的發問者來看，這位男性還算是個頂不錯的對
象，雖然有情敵（紅心6），但是身邊朋友的幫助極大，
而讓戀情有成功的可能。

　　如果發問者是男性，則此男性有兩種可能，一是女方
（紅心6）已經有透露出某種好意，二是男方目前對此女
性在他心目中的重要性還沒完全的表現出來。不過目前情

勢中有個比發問者更喜歡的男性（方塊10）在愛慕這位女方，但是你身邊必有股聲音是滿贊成此男方發問者跟此女生交往，而且甚至可能是偏兄長型（如學長）的角色，積極想要促成你的戀情。

占卜心情小故事

Y小姐的新對象

Y小姐是我的一個好朋友。

雖然已屆適婚年齡，但是保養得宜，看起來相當年輕漂亮，讓人猜不出她的實際年齡。再加上她個性非常潔身自愛，不搞花邊、不鬧緋聞，可以說是「進得了廚房、上得了廳堂」，喜歡文學，學識也不差，這樣的女孩子竟然到現在還沒有適合結婚的對象，實在讓我們頗為納悶，難不成全天下的好男人都死光了嗎？

而我們也常想，不知道到底會是什麼樣的男士，能夠獲得她小姐的青睞？

不過這樣富吸引力的Y小姐，最近似乎春天也悄悄地降臨在她的身上。

任職於律師事務所的J先生，因為神秘學話題的關係，跟Y小姐在網路交友版上搭起了友誼的橋樑。J先生雖然在網路上相當木訥（屬於那種超沒人氣，沒幾個女生會傾心的類型），但他對東方神秘學方面涉獵相當深，對於這類型話題上有興趣，也想要尋求名師指教的Y小姐來說，是位不可多得的益友，兩人因為神秘學話題而結緣，在交友版上言投意合而有進一步面對面的接觸，雙方因有相當多可聊的話題，從話題交流逐漸地結成了朋友。

與J先生當朋友當了一陣子之後，雙方好像對彼此也有點感覺了，開始以男女朋友的身分交往，Y小姐也終於決定將戀情公開告知身邊的朋友，當然我亦是被告知的其中一位。

既然身為Y小姐的朋友，自然是相當為她高興，而且從幾個不小心撞見Y小姐跟J先生約會的朋友的說法聽來，J先生似乎應該是個滿誠懇又純潔的人呢！但是很有趣的是，雖然是Y小姐的姊妹淘，不過我總是看不到她跟J先生一起出去約會的樣子（真不知其他幾個朋友是怎麼遇見的），這對我這種偶爾買個東西就會遇到認識的店員，或是沒事出去逛街就變成抓耙子（容易看到朋友八卦

事件）的人來說，真是很難得的情形。所以對Y小姐這位男朋友J先生的印象，僅止於MSN上的一張圖檔。

又過了好幾個星期，我終於有個機會得見Y小姐的新對象，姊妹淘難得打次牌，Y小姐是理所當然的牌腳，而J先生一定就是理所當然的陪客了。我一邊打牌一邊打量著J先生，順便也看看Y小姐打牌時跟J先生的互動狀態，心裡突然有了底。

那天J先生在牌局上也沒有待很久，我們才打完第一圈他就先走了。

★　★　★

「看到J先生，你覺得怎麼樣？」MSN messenger上傳來Y小姐的訊息，基本上Y小姐是我每天一定會在MSN messenger上說話聊天的親密好友。

「喔……我覺得等半年再看看好了。」我訊息裡這樣寫著。

「我只覺得他不是這麼簡單的人啦，花點時間檢驗、檢驗，不是壞事。」

「目前我覺得除了他太賢慧以外，其他地方都還不錯。」Y小姐這麼說，因為J先生不但會煮吃的，連打

掃、清理都能一手包辦，已經算很賢慧的Y小姐可說是毫無用武之地。

「不急啦！再看看好了，才剛交往沒多久不是？認識時間長點比較好。」我繼續這麼說。其實我心裡評估Y先生這個人，雖有個底，但是畢竟時間不長，我覺得還是得用時間來驗證，才能確定我的臆測，畢竟熱戀期間，能獲得的資訊實在是不多。

「J先生很特別，好像用占卜來算他，都不是非常準確。」其實呢，Y小姐本身就是塔羅牌高手，塔羅的準確度在我們姊妹圈裡可說是相當具有盛名，連我的其他幾位朋友都尊稱她為大師。

「你們幾個人算的結果，都不是很符合狀況，只有C小姐（其中一個姊妹淘）算的有稍微一點點貼切，真是奇怪呢！說不定占卜對他不是很適用……還是因為J先生的神秘學底子深厚，所以不太能被算出來呢？」Y小姐這麼說。

「那我們用撲克牌來算算好了。」我在MSN上這麼說著。其實倒不是瞎想，想說J先生可能因為道行深厚所以占卜不準，或是J先生對塔羅占卜有特別設了什麼特殊

防護，很單純地只是想說既然塔羅占卜如果發生不甚準確的現象，那何不用撲克牌來試試看？

　　於是我就在網路的另一端開算了起來。我幫Y小姐開的牌陣如下：

　　我跟Y小姐說：「妳對J先生其實還滿欣賞的呢，不過倒不太像是平輩的戀人，比較像長幼輩型朋友的交往態度，而且J先生滿有大男人主義的傾向。」（可參考52張牌的正反牌義）

　　「……是啊！他是很大男人……」（以下因涉及隱私

故略之。）

「妳這方沒什麼朋友能為妳的戀情推波助瀾耶！」這是我在牌陣上看不到梅花牌的推論，看起來狀況似乎也是這樣，Y小姐的幾個好姊妹，一個是有異性、沒人性，忙著談戀愛根本沒空去管Y小姐的戀情；一個是正在為情傷心，不知從何幫起；一個是跟J先生圈子太遠，很難起作用；而我呢？也是只見過那麼匆匆的一回面，想碰上也沒機會，況且那次見面之後，我覺得J先生應該不是泛泛之輩，既沒那麼純情也不是那麼簡單的人物，所以我才會跟Y小姐說不妨放慢腳步，花點時間慢慢評估，久了說不定會有另一番看法。

「這張黑桃3跟紅心5我覺得很礙眼耶～雖然殺傷力看起來不是很大。」因為黑桃是代表阻礙，紅心又代表女性，也難怪我會出此言，「難不成他還有認識別的女人對他也有點意思的……」

沒想到Y小姐竟跟我說：「他有跟我提過，在J先生的姊姊（J先生有一個感情很好的姊姊）還不知道我們開始交往時，有特別為他介紹一個同道中人認識，而且女方也跟J先生打過幾次電話，還約說要見面，但是他對對方

說，當個朋友就好。」而那位長輩介紹的女性跟J先生聯絡時，剛好差不多是我們算這副牌一個月前後的事情。

「總之，我覺得妳就看著點囉！」我這麼寫著。

自從國中開始用撲克牌做占卜，一直只覺得撲克牌占卜像是朋友出遊時的餘興節目，從來也沒把準確度放在心上，甚至覺得可能塔羅牌會比撲克牌占卜神奇多了，不過當年紀越來越大，發現占卜的準確度其實跟占卜者有相當大的關係之後，對撲克牌占卜又有一番不同的看法。（不過我還是會嫌帶52張牌出門有點小麻煩，如果又被不識趣的朋友拿去賭博消遣就有點糟糕，況且外面很多店家禁止打牌，用撲克牌占卜也很難跟有這種限制的店家辯解呢！）但若是在家裡，地點夠寬敞，撲克牌又容易取得，倒是個不錯的占算工具。

Y小姐跟J先生的牌面簡單分析至此，至於Y小姐的戀情發展會是如何？我覺得可能還要過段時間，再用撲克牌來算算了！

幸運女神

♥牌前說明

這個牌陣最適合一個人占卜，藉由相加數字，來看你的戀情順利程度。這種方式同時也可以問其他的問題，如：「等等要考試，不知道能不能考好？」，或是「今天去找工作順不順利？」……等單一的問題。

♥使用的撲克牌

不含鬼牌的52張撲克牌

♥占卜方式

1. 將手中的撲克牌洗好（可切牌、也可不切牌），邊洗邊想著要問的問題，然後堆疊成一疊。

2. 將手中的牌由左至右、由上而下，面面朝上排列成橫排4張，直排3張，總共12張的排陣，其餘的牌放手上當做手牌。

3. 如果出現圖牌K、Q、J，則取出變成棄牌，棄牌要放在哪裡均可。

4. 將牌陣中任一紅色牌與任一黑色牌相加後,總數等於11的牌取出,空餘的位置由手牌遞補,同樣的只要是遇到圖牌,就將圖牌放到棄牌的牌堆。

5. 持續將牌陣中紅色牌與黑色牌相加等於11的牌取出,直到手中遞補用的手牌使用完畢,或是牌陣上的牌已經無法再用紅黑相加等於11消去為止。

♥說明

1. **如果牌能完全配對取出**:表示你問的問題能夠符合你的需要,時間跟機緣恰到好處,可說事事順心。

2. **如果剩牌還有1～3張**:表示中等吉利,雖然有些小麻煩或小問題,但是只要努力去做,最後還是有辦法能夠解決的。

3. **剩牌超過12張**:事情多有險阻,需要多方面的試驗或許能夠成局。

4. **配不到3組就動彈不得**:表示事情可能不如你所預期,不妨可以先停下來詳細評估其可行性或是問題所在。

5. **第一次擺牌就12張全部配對完成**:表示你最近運氣滿旺的喔～心想事成、手到擒來。

6. 每次擺牌都12張全部配對：太過好運有可能會導致壞
　的結果出現，請多加注意。

♥解牌範例

　　將以上牌陣，紅（紅心、方塊）、黑（黑桃、梅花）
相加等於11的取出，即可取出3對牌：黑桃5+方塊6、黑
桃2+方塊9、黑桃10+紅心A，而牌陣中空缺出的位置，
則用手牌遞補，直到無法取出11或手牌用完為止。配完
對的牌放哪裡都可以。

占卜心情小故事

煩惱的單親媽媽

接下來的故事，是我一個遊戲網友的經歷。

我們都叫她古媽媽（簡稱古媽），其實她也沒這麼老啦，不過四十幾快五十歲而已，只是現在玩遊戲的小朋友八年級當道，她的長輩輩份也就從阿姨變成了「媽媽」。古媽進入玩網路遊戲原本只是因為想要增進親子關係。她的寶貝女兒（我們都叫她咕咕）目前才剛上國二，很喜歡上網玩遊戲。而想要了解女兒世界的古媽想說，既然沒辦法強制女兒不玩，那乾脆就跟她一起玩，大人在旁邊也好盯著。

古媽在女兒很小的時候就離了婚，帶著女兒投靠娘家，因為娘家人丁也不多，不差多兩雙碗筷。古媽是當音樂家教的，時間比較有彈性，也比較能好好的照顧孩子。

一天半夜，我正在線上閒晃，說也奇怪竟然名片上沒幾隻小貓，想說那就開人物去掛網吧！就看到簡訊寄過來：「安安！你在哪兒啊？」

　　「原來是古媽啊！」，我心裡想著，隨手就打了個「安安。我在發呆。」

　　「我也好無聊喔～一起來掛網發呆好了，順便聊聊天。」

　　「好啊！我在銀行前面。^_^」

　　「等我吧～～」

　　不多久古媽的人物就小跑步到我跟前，然後坐了下來。

　　「怎麼一個人在發呆啊？沒去隨便喊個隊伍去++，練功？」古媽問我。

　　「呵，我上線太晚了啦，其實人已經Orz（趴倒在地），只是人犯賤，不上線來看看好像不成。古媽，那妳咧？」

　　「跟你一樣啊！睡不著，有點煩。」

　　「怎麼了哩？」我問古媽

　　「唉……還不是我們家那個女兒……」古媽嘆了口氣，繼續寫著：「她最近迷上了『阿給』……」

　　阿給不是人名，那「阿給」是什麼呢？或許有些人聽過，「瘋狂阿給」是一個來自韓國的線上網路遊戲，因

為不收費的緣故，所以相當受到年輕一代的歡迎，甚至還有電視節目呢。

「玩阿給也應該還好吧？反正她玩遊戲又不是一天兩天的事情，況且她這些線上的朋友妳又不是不認得。」我跟古媽說。

「她的那班朋友我是都認識，但是她最近一直都貪玩，根本不考慮自己的狀況。你想想，她跟我的這群朋友不是已經在上班就是在唸大學，都算是自己有能力能處理自己的人，可是她才國二呢！成天這樣玩，一罵她她就擺臉色給你看，尤其又要月考了，你看這可怎麼是好？我真的想叫她爸爸把她領回去算了！然後她又不願意——你知道她跟她爸爸沒什麼感情，一提到這個她就大吵大鬧還跟我生氣……」

「要不要跟她約法三章？」我建議古媽，「不然這樣好了，妳就跟她說清楚講明白，書不好好念——回爸爸家；琴不好好練——回爸爸家；鬧事不聽話——也回爸爸家。」

「或許這是個好法子，但是你覺得她肯嗎？」古媽問。

「不肯也得肯啊，不然我們算個牌來看看這個計畫推不推的動？」我拿起常放在包包裡的撲克牌，從橫四、縱三總共十三張的牌陣裡挑出紅、黑色數字相加為11的牌，不一會兒牌很順利的完整取出。

「看起來妳的督導計畫會很順利嘛……妳應該不用擔心。」我說。

古媽苦笑了一下，「是啊！問題是當媽媽的永遠有煩惱不完的事，你知道她在阿給裡面認識一個男生嗎？」原來古媽煩惱的不只是這樁，還有別樁事兒呢！

「她好像很喜歡那個男的，我很擔心耶！真是夠了～！也不想想才國二而已，就開始人小鬼大要談起感情來了，搞得我神經緊繃。」古媽一古腦兒霹哩啪啦的把話說完。我想比起學業，這才是她最擔心的事情吧。

「那我們就來算算你們家妹妹跟那個男的有沒機會囉？」

我開了一模一樣的牌陣，心裡問著不知道古家妹妹跟那個男生如果交往的話，是否會順利。這次狀況可沒那麼順了，牌才配出兩組就沒得配牌了，顯然機會不大。

「古媽別擔心了～～我想不過是小女生的情竇初開罷

了，說不定兩個人根本不會來電呢……」

　　「希望最好是這樣哩！不然我又得擔心了。總之多謝你了喔～」連女兒的心事都得猜，果然媽媽的煩惱是平常人無可想像的多哩。

蒙地卡羅

♥牌前說明

　　這個占卜方式，在坊間的撲克牌占卜書中幾乎都有收錄，所以筆者也就將它納進本書的牌陣介紹內，是相當淺顯易學的牌陣，跟「幸運女神」類似，是依將牌取出之多寡來看戀情的順利度，也需要算牌者的直覺來決定牌的走勢，多練習幾次就能夠反應自如了。

♥使用的撲克牌

　　除鬼牌外的52張牌

♥占卜方式

1. 以祈禱的方式先在心裡默唸對方名字，且希望了解彼此的感情是否有成功的機會。

2. 將撲克牌由左至右、由上而下排成橫5張、縱4張的牌陣，撲克牌面面朝上。

3. 將橫、直、斜、相鄰的同點牌配對取出，如果有空位出現的話，可以移動場牌（牌陣上的牌），但不能跳格

（例如直向恰有3張牌，第1張跟第3張同點數，需直向第2張被取出，直向第3張才能往上移跟直向第1張配對取出）

4. 直到牌不能配對取出後，可用手上多餘的牌來遞補，手牌可以遞補空格，也可以將剩下的場牌挪移排序後，再由手牌遞補尾端的空缺。

5. 直到場牌均不能移動，或移動後仍無法取出同點組牌，則占卜結束。

♥說明

1. 如果你的牌可以完全配對取出，表示戀情能夠成功。

2. 剩牌如果在6張以上，表示對方對你也有好感，成功之日指日可待。

3. 剩牌如果10張以上，表示對方對你尚無感覺。

4. 如果剩牌（即手牌加上場牌）比配對牌數量還多，表示困難重重，說不定放棄是比較好的選擇。

♥解牌範例

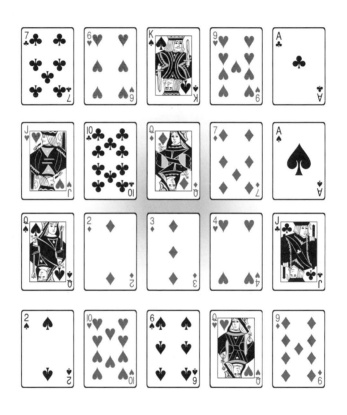

　　由圖例我們可以看到，這副牌直接可以取出梅花A、

黑桃A一組牌（直），以及方塊2、黑桃2一組牌（斜），

同時，因為方塊2取出，所以紅心10可以往上移跟梅花10

取出，而梅花J跟梅花9同時往上移2格，即又可取出一組

紅心9跟方塊9。因為紅心9被取出，可以移動場牌，讓梅花J跟紅心J又取出一組。而且排序後，可以取出黑桃Q跟紅心Q、梅花7跟方塊7，以及紅心6跟黑桃6。

之後可以用手牌再將牌陣補滿。

占卜心情小故事

未成年的可愛少女

幫人算牌的經歷中，小安算是個滿特殊的例子。想算愛情的人，大部分的人多是因為對象的意圖不太明朗，或是對對方抱懷著某種程度的喜歡，但又說不出口，想藉助算牌之力來讓自己能夠更有勇氣。不過小安是桃花朵朵開、左右逢源，確切地說她是因為太受到男生歡迎，反而產生了很多煩惱。

★ ★ ★

幾天前，我接到家族族長打來的電話，說要辦家族網聚。

「哈囉～～好久沒聚餐了！大家來約個時間吃個飯吧！」族長在電話裡這麼說，族長目前就讀於北部的某大

學，因為還養了好幾隻寵物，所以跟女朋友合租了一層比較大的房子，也因為房子有點大，所以就有個今年就讀族長學校的網友來分租。

「小安從台中上來喔～她難得來台北跟大家見面，大家請多多踴躍參加哩～」族長這麼說。

小安是我網友的網友，剛剛考上高中，趁著考上的暑假，來會我們這群網路上的朋友，因為年紀還小，爸媽會擔心，所以小安就決定來台北的期間，借住在我們網路遊戲家族族長家裡，讓爸媽找的到人，也讓他們可以安心。

既然是要吃飯，難得打牙祭，自然是要去囉。

「對了，我還有八卦的事情要告訴你們呢！到時不要忘記來聽！」族長這麼說。

雖說是大八卦，不過網路遊戲除非是遊戲廠商發生什麼大紕漏，不然所謂的八卦大概都是一些網友之間的感情事件。八卦人人愛聽，管他是大是小，「要聚餐，當然是沒問題！族長大人，你只要記得要把八卦的來龍去脈講清楚點！」我在電話那頭欣然答應邀約。

「呵呵～那有什麼問題！你只要記得把牌帶來就是了。」

★　★　★

　　聚餐當天，除了族長跟他女朋友以外，其他還有六個人。餐會裡來的都是熟到不行的朋友，所以大家說話格外的熟稔，這群人裡只有一個最陌生的面孔──那就是從台中上來的小安。

　　因為是「傳說中的小安」（小安在我們遊戲裡，很多的男生都爭相向她示好），所以我特意很努力地仔細端詳了一會兒，雖不是沉魚落雁之姿，（哈！現在年輕人大概沒有人在用這個詞兒了吧！──意思就是超級美少女）脂粉未施的她，皮膚白皙，膚質良好，眼睛慧黠，臉蛋看起來不太像剛升高一的女孩子，比起同年齡的女生還成熟了點，雖不是超級可愛型的，但也算長得還滿不錯的女生。

　　小安除了跟族長、族長女友外，和其他人算是初見面，不過她不會扭捏作態，個性十分大方。穿著嘛，算是一般（如果打扮的花枝招展，我們可能整群人就傻眼了，因為我們都是邋遢一族），沒有刻意打扮，就是襯衫、牛仔褲，是個平實的清秀佳人。也難怪在遊戲裡有那麼多男性對她趨之若鶩了。

　　小安經過族長的介紹跟大家用網名ID都相認完畢之

後，大夥兒就邊聊邊等上菜了。在聊天之中，才知道原來小安的乾姐就是我們族長的女朋友，所以上來台北就住在乾姐姐家。

「我超想上台北來看看內湖美麗華百貨的摩天輪呢～所以趁這個暑假一定要來！」小安這麼說。

「所以妳順道來看看妳乾姐，那妳還有去哪玩呢？」同行的肯德基叔叔（網名）問。

「除了摩天輪，我都跟我姐躲在房間啦～只有今天吃飯才有出來。」咦？真是詭異耶！難得上台北卻沒出去玩……只見族長的女朋友（以下簡稱她族長夫人）說：「還不是同宿舍那隻討厭的笨貓！真的很糟糕，把人家妹妹嚇壞了啦！」

族長夫人真是太厲害了，一下子就切入八卦主題，我順勢往下問：「這是怎麼回事啊？對了，今天不是說有八卦要講嗎？難不成就是這樁？」

「是啊！就是這件！」族長夫人開始講起故事的緣由，因為大家在網路上彼此都認識，所以小安自然也認識與族長同層樓的室友──笨貓。由於小安認了族長夫人做乾姐，自然在網路上就更加親暱；而笨貓呢，在網路上時

不時地就口頭開起小安的玩笑，而且還跟別人說小安是他網路上的女朋友。（小安一旁插嘴說：哪有可能？我才十五歲，還不想找個成年大學生當男朋友！）小安雖然極力撇清，不過網路世界裡就是這樣，虛虛實實、真真假假，其他網友也搞不清楚，鬧得網路一片沸騰。最近小安因為要上來台北，笨貓更努力地在網路表態：「什麼時候上來，我去車站接妳」、「妳上來我帶妳去看夜景」諸多的言行，讓小安更是難以招架，又覺得很難處理。

「笨貓不是本來上學就租你們那邊房間住，那不就一定得碰面？」我很好奇的問。

「我們放假期間也都住台北，問題是笨貓明明住台北但特意放假不回家啊！」族長夫人說。「我們本來也打著如意算盤，想說他放假會回家不會待住宿舍裡，誰知道他特意等小安來……」組長也一旁幫腔的說，「對啊、對啊！這幾天小安來，他不但沒回家，還特意留在宿舍裡，連打工都沒去，有夠明顯的了！」

「誘拐未成年少女可是重罪。」肯德基叔叔說，其實誰都知道肯德基叔叔要說的真正意思是什麼，不過沒有一個人開的了口。族長大人點頭如搗蒜：「是啊、是啊！尤

其是這傢伙素行不良，聽說在班上也是東虧一個妹、西虧一個妹，這樣真是糟糕！而且房間也不好好打掃，邋里邋遢的，就連公共客廳都被他弄得又髒又亂，跟他把妹的德行一樣，真快受不了啦～」族長大概也是心裡對笨貓積怨已久，剛好又碰到小安的事件，剛好兩件合成一件，所以一直抱怨了起來。

肯德基叔叔又說了：「其實你們都說他喜歡亂把妹了，那說不定小安只是一不小心被笨貓虧到的呢！那就不用擔心了啊！」

「叔叔，你說的話就不對囉！我看這叫撒網捕魚，看有哪隻笨魚要上鉤吧！」我發表我對此八卦事件的看法。

「問題是他到底會有多麻煩呢？是自討沒趣就會走開哩？還是死牛皮糖閒閒就來鬧兩下的爛咖（爛人的意思）？來算個牌行不行？」族長大人說。

「厚～你們這些人真的很無聊，明知故問的問題還非要算～」這真是喜歡占卜的人的通病，其實大家明明就知道小安壓根兒就對笨貓一點興趣也沒有，甚至是已經到了有點聞之變色的地步，而且也絕對不會有轉圜的餘地，但還是非要問卜不可，就像我也有朋友很奇怪，明明就打算

今年出國玩，卻要問今年有沒有出國的機會？基本上我認為這都是個人意願（想去就衡量狀況去）的問題，基本上不用求助於占卜。

雖然不是很願意，但我還是把牌拿了出來，也算了情形。

「你們看嘛！就打死也不可能的事，還是要我算。」牌很明顯，其實也滿詭異的，因為二十張場牌，說要配對拿出，就是拿不出來。（52張牌只有26對，52張裡拿出的20張竟然不重複，這也夠精彩絕倫的了）基本上，這樣的戀情其實用腦袋想都想的出來，是根本是沒機會的，不過既然要算，也就算了。

我當然還是很抱持著原先的意見，就是笨貓採亂虧政策，看哪一個女生願意上鉤，能虧到就是賺到。

大概就在聚餐一個月後，我剛好在站前某家百貨公司門口看到笨貓牽著某個女生（當然不是小安，姿色也比小安差多了），果然證明我所言不虛。這個八卦我自然守不住，族長當然是我第一個用MSN通知的對象。

「挖咧！有女朋友還亂把，生活一團亂還學人家交女朋友……」我想，即使小安已經回台中去了，但族長跟笨

貓的室友戰爭，應該會持續地延燒下去直到搬家拆夥吧！

尋找另一半

♥牌前說明

　　方法相當簡單，基本上牌陣目的是在檢測你在感情世界裡，可能會是個什麼樣的人呢？

　　是單身型、還是晚婚型？而你跟你的他，又會是怎樣的一對情侶？

♥使用的撲克牌

　　除鬼牌以及所有花色2～6以外的牌，總共32張

♥占卜方式

1. 以祈求的心邊想邊洗牌，如果是幫對方算而對方在當場的話，可請對方切一次牌。（如果對方不在場的話，占算者可幫忙切一次牌）

2. 將洗好的手牌牌面朝下，排成一個8張的圓形。（以順時針方向擺放）每墩總共會有4張牌。

3. 將頂牌翻開，如果有同點配對牌即可取出。（如黑桃10、紅心10即為同點配對牌）

4. 頂牌被取走的牌墩，即可將牌面向下蓋著的牌翻開（左右）繼續配對。

5. 持續這樣的動作，直到牌面無法再繼續配對為止。

6. 依照牌所呈現出的配對，或是某些特殊花色來看你在尋找對象的過程中，可能會出現哪些狀況。

♥說明

1. 如果直接將牌完全配對完畢，表示在近期（三個月）內就有機會找到對象。

   如果純紅色的配對牌數量比純黑色或紅黑配對的多的話，表示你跟你的對象是相當甜甜蜜蜜的一對，是相當令人羨慕的情侶組合。

   如果純黑色的配對牌組居多的話，要小心容易有爭吵或時有零星的小狀況發生。

   至於紅黑色牌組居多的話，那你們的戀情可能較為平穩，比較不會有大風大浪的狀況。

2. 剩牌在6張以下，表示你尋覓的對象尚未出現，想要甜甜蜜蜜的話，可能要花點時間，不然強求來的戀情可能也不如預期。

3. 一開始牌就動彈不得，或是剩牌在10張以上的，是屬於容易晚婚類型的人。

4. 一開始擺牌時，就有4種花色的A或者是A、K、Q、J湊齊的話，表示你跟對方相當合得來。

5. 一開始擺牌時如果就有4張7，要小心容易發生爭執，也要注意不要因為爭執而分手。

6. 若一開始擺牌時就有4張Q出現，表示你是個極富吸引力的對象，說不定還被人認為是花花公子或是花花小姐呢。

7. 若一開始擺牌時就有同花色的連續序號牌（如7、8、9、10……等），表示你這個人在感情上不畏艱難，而且即使再怎麼困難，也能夠找到自己喜歡的對象。

♥解牌範例

1. 如圖所示，8墩牌分別為黑桃9、梅花9、黑桃7、黑桃8、梅花Q、紅心A、方塊A、梅花10。

2. 將同點牌取出，然後把下面蓋著的牌翻開，繼續尋找可配對的牌組。

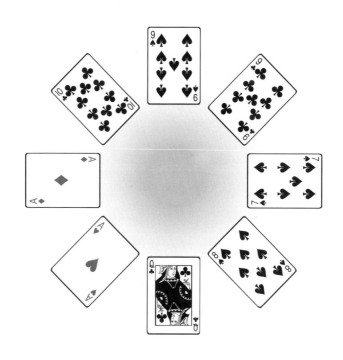

占卜心情小故事

我的浪子男友B

人說花花公子最會傷透女孩子的心，不過我想即使是再怎麼受異性歡迎的男性，想必也還是會有運勢低落、魅力失靈的時候吧？

講到我這個浪子男友B先生（男友指的是男性的朋

友），關於他的浪子行徑，有時身為朋友的我也會說一句：「不置可否」。浪子，究竟是放浪在哪方面呢？如果是在人生歷鍊或者是江湖豪氣這也就算了，問題就是他是個情場浪子啊！

B先生其實人長得還不錯，斯斯文文的，帶了副金框眼鏡（比較時髦的那種小框），開著一台拉風的休旅車（他說是中古的，不過我們不是很相信），熱愛享受生活，超愛好葡萄酒、個性裝飾品或配件。說話也算得體，又是個會說笑話逗人開心的人，在我所處的聊天室裡，非常受到女性網友的歡迎，不時也常聽到他的花邊新聞，身為B先生的網路朋友，其實最怕的就是欣賞他的女網友無所不用其極的來打探他的消息，或是表現出很強烈的交往慾望，那時真是會覺得說他好話也不是、說他壞話也不是。說好的嘛，又擔心到時出包別人來興師問罪；說不好嘛，其實對方又不會相信，真是有夠超級難處理。

當然據B先生自己說，其實他不是花心大蘿蔔，只是自從跟從大學以來就認識的主播女友分手之後，始終交不到合適的對象（其實偷跟其他人打聽到的狀況是，女友因為有著光鮮亮麗的身分，環境改變、認識的人也不一樣

了，漸漸地B先生就不符合她的需求而分手），所以才造成他看起來好像一直換女友的花心模樣。不論說法如何，看他女朋友宛如跑馬燈似的一個換一個，甚至還有那種大學還沒畢業、情竇初開的小妹妹都照收不誤（老天爺，他都三十三歲了，還去把那種二十歲的女學生），實在令人覺得有點太超過了。

但近來幾個月，都沒聽到他的緋聞消息，還是上網路、仍舊跟人互虧，就是沒女生被虧到，連親近的朋友也不禁笑他：「呵！魅力失靈了喔！」他的回答是：「我想把戀情的重心放回現實生活的圈子。」轉向的花心男，就算牽到北京還是一樣的花心吧！

今年的薄酒萊上市期（薄酒萊：法國甘邑地區每年新產葡萄酒的代名詞），B先生照往常慣例，召集眾家好友共同團購高級的好酒。今年我在B先生的強力推廣下，也訂了半打，打算分送給親朋好友，順便做為聖誕節慶祝之用。

B先生身為團購團長，自然要一肩挑起取貨送貨的任務。他就開著他那台休旅車，挨家挨戶的送上剛上市的薄酒萊，趁送酒的同時順道跟老網友們面對面敘敘舊，畢竟

有些話在網路聊天時也不方便說出來，見面時反倒比較說得出口。

薄酒萊上市的那天，B先生跟我約下班後到我家把酒送過來給我。

我見到他自然是先寒暄話家常，聊聊網路上老朋友們的近況。我隨口問了一下他最近的情形，畢竟他的花邊不少，有時順口問一問，下次如果攜伴出遊時我們也不至於說錯話而導致場面尷尬。

「最近你還跟×××在一起嗎？」×××是網路上一個很欣賞及崇拜他的小妹妹，二十出頭，還在高雄念大學，年齡差距不小，而且還是遠距離戀愛，一北一南，熟識的網友們都不看好，況且兩個人的風格差很多，我們網路聊天室的網友都知道那個小妹妹很哈他，姑且不論那個女生長相、身材好不好，只知道大家對這段戀情都抱持著保留態度。

「沒了，你們女人真的很奇怪耶！追的時候跟什麼一樣，然後得到了又放棄了！」B先生這麼說。想當初他信誓旦旦地要把×××塑造成他傾心的女性典型，沒想到竟然落空了，而那位小姐條件實在很……我想他應該很悶

吧？我只好很識趣的說：「喔……那就算了吧。」

「不過最近有個同事，讓我很捉摸不定……」B先生在說這句話的同時，我第一個反應竟然是：「這算是報應嗎？」老實說，因為聽過B先生歷來的情史，有時還真的很想告誡他別把女人瞧扁了，雖說是他的朋友，但是看到他的這些行徑還真莫可奈何。不過說了也沒用，畢竟男的願打、女的願挨，這回看他連番失利，除了報應以外還真想不出有什麼辭可以形容。

「她又說在乎我的感受，但是總是給我抓到某些不老實的把柄，我想我跟她大概也玩完了吧……」哇！～從前個×××小姐到這個同事，沒想到B先生竟然連兩番慘遭滑鐵盧。

其實這位同事女友，我也有從其他網友那得知這個消息，只是沒想到這麼快就結束了，真想送他四個字：「節哀順變」。我話還沒從口裡說出來呢，B先生就開口問我：

「聽說你有在占卜，幫我算算看我究竟會怎麼樣啊？我也三十四歲囉，雖然不想結婚生子，可是我也想找個比較固定的伴啊，不然感情四處漂泊、心靈居無定所也是很

麻煩。」

　　人在風光時不會體認落寞的感受，這回我可是見識到了，B先生即使以前多風光，在經歷了兩次失敗戀情（而且對象實在不怎樣）的情況下，仍難掩落寞神色，而表現出渴望愛情的反應。

　　我雖然是可以當場幫他算，但為了顧及我可能一不小心說出自我主觀的惡毒話，（例如：你自找的啦、夜路走多了就會碰到鬼啦……等等，這種話可是解牌者的大忌啊，即便是交情不錯朋友，也有可能會因為某些看不過去的事導致惡毒的話脫口而出）所以我決定當場不幫他算，這是像我這種直腸子的人最適合的方式。

　　「今天有點晚囉！我精神不是很好，我明天再幫你算，等明天你MSN上線時，我再把結果告訴你。」我這麼對B先生說。

　　「好吧，那就麻煩你了。」

　　而當晚我替B先生開的牌如下：

　　剛開始的八張牌牌面分別為：黑桃J、方塊7、方塊8、方塊3、方塊9、方塊Q、黑桃9、梅花A。所有能配對的牌取出後，總共剩牌兩張。另外，紅黑色配對的牌有十組、紅色配對的牌三組、黑色配對的牌2組。

　　從這樣的狀況看來，B先生目前果然是沒有適合的對象，這段戀情慘澹期可能還要再持續一陣子。至於對未來出現的新對象呢，可能需要加把勁，多點包容多點關心才能讓彼此的心更靠近囉。

　　隔天上網路MSN，我將算牌的結果告訴了B先生，心中暗自希望B先生能藉著這段空窗期，好好的想想自己到底想找的對象是什麼樣子的人。至於這番心裡的話，為了顧及表面情誼，我終究還是沒有說出口。

戀情的結果

♥牌前說明

　　不論是單戀或是已經相戀，這個牌陣可以為你的戀情做一個預測，不過不要因為牌面顯示戀情的結果不好而感到心灰意冷，畢竟雙方對這段戀情的維繫跟努力，才是最重要的事呢。

♥使用的撲克牌

　　除鬼牌以外的52張牌

♥占卜方式

1. 先以向神祈願的心，充分洗牌洗到心中的念頭平靜下來，然後切一次牌。如果是當場幫別人算的話，就請對方切牌。如果非當場算牌，可以為算命者切一次牌。

2. 然後將牌（總共12張），擺成像時鐘時針的一個圓。若以時鐘的時間來說明的話：擺牌順序依次為九點鐘、3點鐘、12點鐘、6點鐘（先成為一個十字），然後8點鐘、7點鐘、5點鐘、4點鐘，再來是2點鐘、1點鐘、11

點鐘、10點鐘（逆時鐘方向擺牌）。

3. 將牌從9點鐘（即擺牌的第一張牌）逆時針數起第5
張，將第五張翻開，這張牌就是我們所要的答案。

♥說明

紅心A：

　　最佳戀情的牌，你的戀情成功機率可說是高達百分之
百，單戀的人說不定很快就能收到對方傳來的愛的訊息。

　　如果是男性的話，平常覺得遙不可及的女性，說不定
會突然跟你表達愛意。

　　至於對已經結婚或是已經有交往對象的人來說，此時
或許是一個「打野食」的好機會，如果很想冒險犯難的
話。（不過最好是不要哩，以免哪天被以其人之道還治其
人之身！）

紅心K、紅心10、紅心7、紅心4：

　　表示戀情正在醞釀中，如果已經有喜歡的對象，此時
積極努力追求的話，一定會水到渠成。

　　如果目前還沒對象的人，可盡量凸顯自己的優點與魅

力，戀情很快就會降臨的。

紅心Q、紅心8、紅心5、紅心2：

　　或許你目前還在遊戲人間，或許你還不知道對象在何處，不過這四張牌的出現，表示如果沒有對象的人可以開始好好地考慮一下感情的事，有可能是因為你還不清楚你要的是什麼而錯失良緣，也有可能是你害怕觸動對方的心而選擇了消極的舉動。

　　至於已經有戀人或甚至結婚對象的人，這時期是滿好的穩定期，可以好好考慮長久交往或是結婚的打算喔。

紅心J、紅心9、紅心6、紅心3：

　　目前還沒有對象的人，有可能有人正偷偷愛慕著你而你不自知喔！不妨看看身邊可疑的對象，施展你的魅力，很快就會有好消息出現哩。

　　至於已經有對象而還沒有行動的人，目前是很好的表白時機，有自信的面對對方，對方會被你吸引住喔！

方塊A：

　　愛情快到來了，不要消極地輕言放棄。目前沒有戀人的人，如果有喜歡的對象，建議可以送禮物讓對方知道你的心意，這張牌建議你要能夠主動些，才能將愛情掌握手中。

　　而已經有交往對象的人，如果你是女性建議你可以更狂野一點，讓對方知道你愛他的感覺；如果你是男性可以大方地表現出你溫柔體貼的一面，以及獨具男子氣概的男性品味。

方塊K、方塊10、方塊7、方塊4：

　　還沒戀愛對象的人，拿到這四張其一的牌，表示近期內會有佳音，可交到條件不錯的對象。

　　如果是已經在交往中的男女朋友，建議雙方除了日常的相處之外，更要花些功夫彼此關懷跟體諒，包容對方，切勿對自己太有自信而忘記兩個人相知相惜的感覺。

方塊Q、方塊8、方塊5、方塊2：

　　不管是交往中還是未交往，拿到這組牌中任何一張，都表示你好像太過於急躁了！不要為了吸引異性或把握住

對方，而一昧地拚命努力，這樣反而會造成反效果。

　　男性要注意有欲速則不達的情形。女性則要注意自己的言行，不要有過度暴露或挑逗的行為出現，維持平常心，好運很快就會來到你身邊。

方塊J、方塊9、方塊6、方塊3：

　　目前你的最佳狀況，就是貫徹心靈式的戀愛吧，讓自己的心去體會對方的心，用心意去交流是近期最適當的動作。

　　另外拿到方塊9的牌，目前沒有戀人的人可能會有機會跟單戀對象，或是與認識很久的對象開始交往。

梅花A：

　　你是個很富吸引力的人，而且很容易獲得他人對你的好感，甚至想要追求你，不過你可能要小心因為趾高氣昂、得意忘形而失去了應該獲得的一切，也不要因為外來的誘惑太多，而忽略你唯一的真愛。

　　至於目前沒對象的人拿到這張牌，只要你維持目前的情形，過一陣子自然會有人主動向你示好。

梅花K、梅花10、梅花7、梅花4：

幸福其實就在你的身邊，不論是已經有戀愛對象的人或是還在尋覓的人，要小心目前可能會覺得自己心中有個缺口，希望他人來彌補的狀況。或許那個目標很吸引人，可是那很有可能只是一時的意亂情迷而已。

梅花Q、梅花8、梅花5、梅花2：

單戀的人，或許對方已經察覺你的心意，但是對方明知道你的感情卻選擇了逃避，建議你放棄這樣地努力，不要為了一棵樹木而放棄了整座森林。

至於目前已經有戀愛對象的人，現在戀情的狀態堪稱平穩，但請保持分寸，如果要為了達到某些目標而做出逾矩的行動的話，可能會遭致相反的後果。

梅花J、梅花9、梅花6、梅花3：

如果單戀者拿到這副牌，表示這是一段得不到回應的感情，這段苦戀很有可能變成你心中無法磨滅的傷痕，建議你放開心胸，提得起、放得下。

如果目前有對象的人，可能要注意你是否有過度一廂

情願的狀況。而拿到梅花3的人，可能得要小心感情近來會發生急驟地變化。

黑桃A：

對方的態度會逐漸地降溫，甚至有可能你連什麼原因都無法得知，戀愛的感覺就消失無蹤了，建議你還是放棄吧。

黑桃K、黑桃10、黑桃7、黑桃4：

這段感情其實只是一場想像出來的夢境，很快的你就會看到真實的一面。很多事情只是你的想像而已，事實上是否有如此的美好，其實都是未知數。

黑桃Q、黑桃8、黑桃5、黑桃2：

這段戀情很可能只是一夜風流，感覺過去了也就消失的無影無蹤，或許你也只是一時的意亂情迷，變成了享受慾望的人而已。如果拿到黑桃5，說不定還有可能會成為別人的第三者。

黑桃J、黑桃9、黑桃6、黑桃3：

目前還是建議你別把生活的重心放在感情上，姑且等待下一個春天的來臨吧。

♥解牌範例

內圈的數字為擺牌順序，而牌內的數字則是翻牌時的順序。

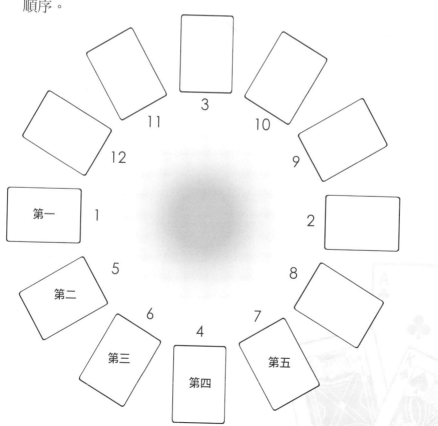

　　基本上這個戀情預測結果的牌陣，只要擺牌、翻牌的順序正確，是個不需要任何技術的算法，唯一建議的就是要專心、誠意。

占卜心情小故事

「龍捲風」小姐的姊弟戀

　　「龍捲風」是我給她起的一個綽號，會叫她「龍捲風」小姐，也可能是因為她超喜歡看「台灣龍捲風」的緣故吧。

　　她是我朋友的朋友，因為幫她占卜而認識，偶爾也會因為她一個人單身過於無聊，而來我家串門子，或約幾個朋友來我家打打電視遊樂器。

　　「龍捲風」的職業是個文字工作者，我並不知道她的年紀，也不方便問（畢竟年齡是女人的秘密），不過我猜大概她應該將近三十歲。她的工作除了文字創作外，也為某些媒體做些特約採訪的工作。採訪是很有趣但是也很累的工作，不過因為主題需要或是訪談的緣故可以認識許多人，各式、各路的人馬都有，可以看到社會上不同層面的

人。我常常對她懷有一種特別感覺，覺得她可能會因為「台灣龍捲風」看了太多，再加上工作性質的關係，不知道什麼時候會演出類似「台灣龍捲風」的戲碼，跟檢調單位、還是企業豪門上演一段愛恨情仇的感情戲，沒想到這樣的假設竟然還真的被我蒙到了。

「龍捲風」跟她的他（以下稱為X先生）是在二○○四年三月總統大選時認識的，至於認識的原因自然是跟當時最有名的「總統槍擊」案件有關「龍捲風」小姐當時受到某網站委託，去查訪報導總統槍擊的諸多疑點，進而跟調查單位的X先生認識（是刑警或是調查員我並未詳問），因為槍擊案件在當時是甚囂塵上的案件，所以「龍捲風」小姐就有了跟X先生頻頻接觸的機會，在來回好幾次的訪問、洽談之中，「龍捲風」小姐開始對X先生萌生了愛意。

或許是X先生對「龍捲風」小姐也有好感吧（我沒見過X先生，無法判別狀況，但至少從「龍捲風」小姐的說法來推測是這樣的，所以故事的內容也以「龍捲風」小姐的說法為主），因此兩人間的互動似乎就是有那麼點若有似無的感覺，X先生沒拒絕「龍捲風」小姐的好意，也會

接受邀約出去吃個飯、聊聊天，甚至還會拜託「龍捲風」小姐藉工作之便替他買些特別公關價的商品。總之，兩個人的互動聽來還滿不錯的。但是呢，聽「龍捲風」小姐說，似乎X先生的某位女性同僚，對X先生也抱持著相當高度的興趣，即使X先生對這位同僚沒有特別的反應，但那位女性好像一直黏他黏得頗緊，讓「龍捲風」小姐有點小擔心。

不過「龍捲風」小姐的擔心並不止於此，因為在她跟X先生約會聊天中，有聽到X先生聊起以前的過去，原來X先生曾經有個交往多年的女友，但是女方卻琵琶別抱，投入其他男人的懷裡，讓X先生情傷許久，遲遲不能平復。而且雖然他們已經分手了，可是女方仍舊持續地跟X先生保持聯絡。所以除了X先生的女性同僚之外，那位X先生難以忘懷的前女友也被她列入警戒範圍內，深怕哪天他們舊情復燃，就成了天字第一號的大勁敵，而且X先生的星座被號稱為男性中最花心的星座，似乎非常有女人緣。

以上說的這些，其實都還算是小狀況，而最恐怖也是「龍捲風」小姐最煩惱的事，其實是年齡的差距。據「龍

捲風」小姐自己說，X先生跟她的年齡相差五歲，我們同輩的朋友倒是覺得還無所謂，因為現在流行女大男小的姊弟戀情，趁著現在社會流行來段姊弟戀，其實好像還滿時髦的，可是在「龍捲風」小姐那邊的長輩看法可就不一樣了，一聽到相差五歲，長輩們的反應可說是相當不認同，「龍捲風」小姐曾為此徵詢了一下最親近的姑姑的意見，連她姑姑的想法都覺得此戀情不可為之。

　　「龍捲風」小姐跟X先生在大選完畢之後，雙方還是持續地有在來往，畢竟好幾方互相地牽制，所以自然不容易有突破性的進展，因此戀情溫度始終保持平盤局面，雙方的關係也沒有太大的變化。不過後來因為X先生被調去南部調查三一九槍擊案的後續，所以就等於直接被派駐到南部，即使是能回到北部來，也只是偶爾因公回北部出差，別說是要約會了，就連兩個人要見面的機會也不多。就我們幾個朋友在看這段遠距離的戀愛，心中其實有話也不好意思說出口，況且有那麼多方在牽制，「龍捲風」小姐想要出線搶到X先生的機率更是有點困難。之後我們有一陣子都沒聽到「龍捲風」小姐提到這位檢調單位X先生的事情，正想說或許「龍捲風」小姐可能死心，決定不再

跟另外其他幾位女主角纏鬥下去，而這齣宛如「台灣龍捲風」般，跟完全不相干世界的男性談戀愛的奇情事件應該是落幕了。

直到「龍捲風」小姐又再跟我開口的那天，我才發現其實不然，原來「龍捲風」小姐只是因為工作太忙碌，所以才沒跟我們提及Ｘ先生的事（或是她擔心被我們這些朋友潑冷水？），而且即使是Ｘ先生被調往南部去查案，「龍捲風」小姐還是利用ＭＳＮ持續地跟Ｘ先生互通訊息，不過「龍捲風」小姐一直很苦惱，面對這樣曖昧不明的局勢，她應該如何才能更進一步？眼看著自己對他那麼好，但男方都沒有表示，還是乾脆就放棄這個男人，看看會不會有更好的對象出現？於是「龍捲風」小姐終於抽空趁著工作的空檔，來我家請我幫她做一次單獨、私密的算牌。

因為「龍捲風」小姐的案例（未知的戀情）相當適合使用「戀情的結果」這個牌陣，所以我就選了這個牌陣幫她算。而龍捲風小姐拿到的牌是紅心Ｑ（決定自己真正想要的對象是什麼樣子的人），雖然目前龍捲風小姐欣賞的對象只有Ｘ先生，我建議她可能勢必要對這段感情做出決

定。

　「捨不得啊……」這句心聲聽起來有點令人嘆息，但也只有她自己能夠決定對X先生是不是要繼續地付出，而且慢慢地等待這段感情看看是否能收成吧。

戀情的邂逅

♥牌前說明

　　此牌陣可以用來預測跟對方戀愛的可行性以及探知對方目前對你的看法，非常適合裹足不前的女性（或男性）來使用這個牌陣。這個牌陣的缺點就是需要的場地有點大，如果你現在對戀情的走向以及對方的意象感覺很不明瞭的話，歡迎你來試試看這個牌陣！

♥使用的撲克牌

　　除了鬼牌以及圖牌A、K、Q、J外，總共40張牌

♥占卜方式

1. 先將紅色牌跟黑色牌分做兩個牌組，各為20張。紅色牌代表女性，黑色牌代表男性。

2. 將兩個牌組的牌分別洗過，然後將屬於異性的牌數字面朝下（如果你是女性，就先擺黑色牌，男性就擺紅色牌），擺上20張牌。

3. 將屬於自己的顏色牌放在下列，數字面朝上，擺上20

張牌。

4. 如果牌的上下直列數字同點，或是兩張相鄰牌的總和等於其上列或下列的數字，均可以取出成為配對牌。

5. 空出的位置可以左移或是右移，利用移動後的結果可以再將牌配對取出。

6. 直到牌無法再配對取出，將所剩的牌數字總和加起來，依數字來看戀情的狀況。

♥說明

　　以剩牌的加總數字為占卜的結果，超過加總數20則以20計（基本上數字要加總超過20以上是不太容易的，如果真的那麼運氣不佳，那還是只得認了），每個數字的意義如下：

沒有剩牌（數字為0）：你跟他可說是天作之合，是很多人都羨慕的一對。

數字1：你跟他是一見鍾情的對象，要好好把握這段難得的感情。

數字2：真正的決定權操之在你，只要你想追求，一定可以獲得幸福。

數字3：其實對方心中，也正在喜歡著你呢，放膽地去表達你的心意吧。

數字4：要小心這段戀情可能會因為環境的阻礙而告吹。

數字5：如果你的態度不清不楚、又不積極行動的話，心上人可能會被他人搶走。

數字6：對方可能已經有了喜歡的對象，勸你還是省省力氣吧。

數字7：你目前的努力可能還是不太夠，如果可以加把勁的話會更好。

數字8：對方其實心並沒有放在你身上，甚至也不把你放在眼裡呢。

數字9：你被對方的某種特質給吸引住了，小心不要被迷惑，而盲目不自覺。

數字10：只差一小步你就可以達到你想要的目標，請多花些時間去努力。

數字11：彼此的信任是戀情最重要的基石，要常保持一顆信任及寬容的心。

數字12：即使做很多事都徒勞無功，建議還是放棄吧。

數字13：或許你現在正在等待對方的回應，但等待是徒

勞無功的。

數字14：相見恨晚，就讓這段戀情成為一段美好的回憶
　　　　吧。

數字15：自身的努力仍舊不夠，可能需要朋友的協助才
　　　　能有所進展。

數字16：前方有很多的阻礙，要小心應付，謹慎處理，
　　　　切勿輕忽大意。

數字17：對方對你也相當有好感喔。

數字18：說不定你想要的人生伴侶就是這個模樣、個性
　　　　的人。

數字19：天下沒有白吃的午餐，要想收穫就要多花些時
　　　　間。

數字20：這只是你的單戀，只要你肯面對事實就能看清
　　　　楚現實。

♥解牌範例

1.因為20張牌排列長度過長，即先以10張牌來表現此牌
　陣，而這個牌的排列，是以女方為占卜者來排的。（女
　下列、男上列）

2. 先打開下列女性牌（紅色），得到下列的結果，然後再翻開上列男性牌，得到上列的結果。

3. 排列中黑桃2、方塊2，以及黑桃3、方塊3，黑桃8、紅心7、紅心1，可以配對取出。

4. 然後在相鄰空出的格中移動，梅花10可跟紅心10配對取出，往右移動紅心9，梅花6、紅心4、紅心2可以取出……依此類推，直到最後的結果。

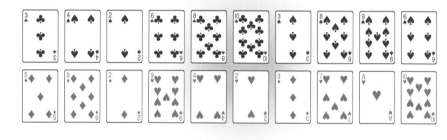

占卜心情小故事

相依為命的母女

俗話說得好：「家家有本難念的經」，即使是生活多麼多采多姿、工作意氣風發或是工作職位相當令人尊敬，是有些不為人知的煩惱，家族血緣的牽絆，有時也讓人法擺脫制約去試著追求自己的幸福呢……。

　　初次見到小婷，其實滿無法將她的人跟她的辛苦聯想起來，她總是保持著很神清氣爽的面容，即使常熬夜趕新聞、頂著個大黑眼圈，還是看來精神奕奕，樂在其中。小婷的職業是很多人很羨慕的記者，不但常常有應邀出國採訪的機會，而且由於也待在不小的新聞單位，所以自然是廠商熱情招待照顧的寵兒，工作雖然辛苦但是順心愜意，而記者的薪水也不壞，真是讓我們這群做朋友的心中暗自羨慕。

　　小婷的爸爸很早就過世了，由媽媽一手帶大，彼此的關係非常緊密。小婷的媽媽在心理上非常地倚賴小婷，從小就把這個寶貝女兒放在掌心上呵護，不捨得女兒做東做西的。小婷也是相當依賴媽媽，很難放母親一個人獨自過生活，所以小婷除了工作之外，跟外界的接觸並不頻繁。若有人想替小婷介紹男朋友，小婷先想到的一定是媽媽不知道會不會滿意這個人，或是如果談戀愛的對象不能體認她目前的狀況怎麼辦？所以小婷到現在年紀不小了，還沒有固定的男朋友，即使遇到感覺還不錯的男孩子，也常因為小婷有這樣的考量就自己先打退堂鼓，最後無疾而終。久而久之，身邊的人也不再刻意地要替她介紹男朋友了，

所以小婷對「愛情」的認識，還只算是在初淺的階段而已。

在小婷自己去認識的男性當中，也有幾位是小婷滿欣賞的對象。說是已經開始進入談戀愛的狀況嘛，其實也不算，大多是有過一起喝喝咖啡、聊聊天的男性，狀況比較撲朔迷離，也不算是正式交往，總是心中有點感覺。而最近小婷的媽媽因為年紀大了，所以生病住在醫院，小婷家裡狀況不錯，小有積蓄，再加上小婷這個人樸實無華，即使薪水很高，也都不胡亂花用，所以家中發生突發狀況倒還不至於經濟發生問題，但是母親因病就更加依賴小婷，而小婷就更沒什麼時間跟機會去推動她自己的戀情了。

跟小婷談話的過程裡，發現小婷對異性的憧憬還是停留在純愛階段。其實也難怪，記者的繁忙工作、臥病在床的母親，其實已經佔去她生命的大半時間，再加上她又是乖乖牌女生，即使記者世界非常五光十色，對她來說也不過就是工作中的絢爛，而不是現實世界中的情節，也難怪她對愛情會懷抱著很多夢幻。

「目前我是有幾個滿有好感的男生，可是他們不表示，我很難主動啊！」在前半年，我們幾個朋友在關心小

婷的感情狀況時，小婷這麼告訴我們。小婷表示，自己很難去跟男性開口跟表白，算是個超級悶葫蘆，她也曾經求助於算命，想知道對方對她的感覺，但是經過幾個各類的占卜師算過之後，發現那幾個男性在個性或是態度上，或多或少都不太符合小婷所需求的形象，喜歡她的但是交往不順利，她喜歡的卻是比較偏向花花公子型的，隨著時間彼此漸漸了解，於是小婷的感情就慢慢的擱淺下來，也很久一陣子沒聽到她有新的可能戀情的消息。

　　正在想小婷最近不知道怎樣的時候，從另外的朋友那邊得知，小婷又墜入情網了！關於那位男性（以下簡稱W先生），其實真的還是個謎，連小婷自己都不太清楚對方的底細呢。所以我們只知道是個男性，職業未知，年齡約末三十多歲。聽到消息，朋友們相當自然地趕快把小婷約出來詢問兩人的相識經過。

　　滿令我們訝異的是，原來這個男性（以下簡稱W先生）是小婷從網路遊戲上結識的！兩個人因為網路遊戲打怪練功成為網友，也參加過網友聚會，所以兩個人藉由聚會之故開始真正地認識。據小婷說，W先生很有中年男性歷經滄桑的感覺，目前單身、談吐成熟又穩重（好像符合

爸爸的形象？）小婷說，好像是有一種看對眼的感覺，可是雙方互有保留，也不知道對方職業是做什麼的（小婷並未表示自己的身分是個記者），可是聽到小婷的描述，我們都很詫異，為什麼呢？原來這位W先生有抽煙，乖乖牌的小婷並不喜歡男人抽煙、喝酒，但是她又覺得這個男性相當地有魅力，除了想知道跟這個W先生的可能性外，她其實也正在煩惱，如果二人有可能的話，W先生的生活習慣是不是她能接受的呢？

小婷是個在愛情上頗倚賴算命的女性，所以她就麻煩我替她占卜。牌的結果其實相當地殘酷，目前的狀況只是小婷自己單方面的單相思（點數超過20以上），當時在算牌其實是有清場（算到愛情狀況，其實朋友多會識趣地迴避），雖然小婷有些難過，但是因為沒有旁人，倒還比較不覺得出糗。面對這樣的算牌結果，我也只能輕聲安慰她，牌的解讀只是一時的，如果她過一陣子對W先生還是不死心的話，不妨可以再算算看。同時我也跟小婷說，希望她再去多看看各類型的男性，其實朋友中單身的男性還真不少，個性不錯的也不在少數，只可惜小婷不多多考慮呢。

緣分占卜法

♥牌前說明

　　這個牌陣雖然排起來形式簡單，不過牌陣中透露的訊息可不少，除了可先由數字的大小來看力度、強度、危機度，還可以從單張牌上去琢磨潛在表露的意向或徵兆。

♥使用的撲克牌

　　鬼牌1張加上52張牌，總共53張牌

♥占卜方式

1. 先算出兩個人的年齡差距（如果同年就以10做計算，超過53則可以減去53），如果是差距五歲，就拿出第5張牌，其餘的4張牌放置在手牌的底部，然後再從頂牌開始數起，選出第5張牌，總共要取出3次。此為第一列（過去）。

2. 將剩下的牌洗過，以兩個人年齡總和的個位數為單位（如果是0的話，則是以10計算，例如：加總數字為22+18=40的話，則是要選擇第10張牌），如果總和個

位數是7的話,則從頂牌數起,拿出第7張牌,其餘的6張牌放置在手牌的底部,然後再從頂牌數起,選出第七張牌,總共取出3次,此為第二列(現在)。

3. 再將剩下的牌洗過,以兩個人的年齡總和除以2的個位數為單位(如果是0的話,則是以10計算,例如:加總數字為22+18=40的話,40除以2=20則是要選擇第10張牌,假設除2有小數點的話,則不用顧及小數點後的數字,如33+20=55,55除以2=27.5,則是選擇第7張牌),其他的方式如同前兩項步驟一樣,取出數字牌,總共取出3次,此為第三列(未來)。

♥說明

1. 力度是從A、K、Q、J開始,數字越小的力度就越遞減。基本上7以上表示有力度,6以下則影響比較小。

2. 鬼牌是幸運之神,代表能破除萬難的幸運之牌。

3. 紅心代表順利、好事;方塊代表金錢、貨幣、財務狀況;梅花代表朋友及援助;黑桃代表壞運及不順利。

4. 詳細的牌義可以參考撲克牌的牌義部分,建議是可以先參照花色的意義,再輔以牌義來參考。

♥解牌範例

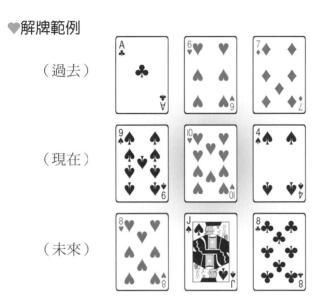

（過去）

（現在）

（未來）

　　從牌面看起來，過去的狀況很明顯地可看出這對是因為朋友搓合（梅花A）才相處在一起，但是雙方開始交往之後滿快就進入狀況（方塊7）。而現在的情形裡，兩個人雖然戀情比起初交往時有加溫跡象，但伴隨而來的也有不安（黑桃9、黑桃4），有可能是因為在相處時彼此常發生小口角的原因所致。關於未來雙方的可能性，男方可能會開始有心浮氣躁的跡象（黑桃J），女方或許會想要尋求更豐富的發展（紅心8），尤其要切記雙方不要有金錢不清楚的情形。

我朋友的野貓女友

當他來找我算這個牌的時候，我還真的是很認真地在考慮要不要替他算。

我這個朋友（以下簡稱叫他E男），可以說是男性中的異數，通常很多男人不太會表示更不會承認自己是個好色之徒，不過在E男的信條裡，「凡是男人，沒有不好色的，只是好色的有品沒品。」E男很大而化之地承認自己是個喜歡漂亮女人的男人，而且也承認自己相當好色，問題是，他選擇的條件很苛，不符合他標準的他可是不會要的（標準還很難猜），心地也要善良，如果是他不喜歡的女人，他就變成了柳下惠，坐懷而不亂，因為我曾經親眼看見，他很嚴正的拒絕了一位相當勢利（而且長相普普）的女性投懷送抱，甚至連女人都已經三貼上來了，他還是不為所動，頓時破除了「男性是衝動型生理動物」的迷思。

或許會有人問，那是因為E男自己的條件也不怎麼樣

吧？其實不然，E男是高中時就前往日本去唸書，完成學業回台灣，家境優渥，工作也不錯，會填詞、會寫劇本，還會做平面跟網頁設計，是通曉好幾個方面的人才。那長相呢？其實也不賴，雖不是說長得身材高挑、玉樹臨風，但是好歹也還有個一七五公分，眼睛大大的，五官也很端正，頭髮更沒稀少。那可能是性格上有缺憾囉？也不是，基本上E男雖然說有時在工作上太過專注，說話比較衝些，但是說的話卻都還是依據著事實、講道理，在私底下是個很會說說笑笑、八面玲瓏又不得罪人的人。相信我，有些開著名車的男人長相真的是很抱歉比E男差多了。我自己就有認識那種開著賓士雙門跑車，但是身高不超過一七〇，頭髮稀疏，滿臉痘疤，說話趾高氣昂，不知天高地厚的傢伙。

　　也因為這樣對女性的理念與個性，E男雖然有不少女性好友或女性密友，可是正宮娘娘的位置則是老在「募集中」，E男自從從日本回來後，就好像沒什麼比較穩定的女友，（聽說他在日本曾有個刻骨銘心的女朋友，但是卻是有緣無份的戀情）身邊的朋友也懶得介紹，畢竟E男太過挑剔，與其要介紹人介紹到被他唸，還不如不介紹的

好。有時看他帶著像模特兒般的女性，卻不是正牌女友，還真懷疑他正牌女友不知會是長得有多麼天仙美麗。

或許又有人會問，既然非正牌的女朋友都不缺了，那還需要正牌的做什麼？而這個問題我也問過E先生，他的答案可妙著哩：「不知道，我就是想要個能讓我百分之百投入的女人。」既然人家都這麼說了，那就期盼他能覓得良緣囉，畢竟也老大不小三十好幾了，即使多麼春風得意、多麼有女人緣，可能還是想找個能停泊的港灣吧！但看他平常的言行舉止跟做事風格，說他想認真地交往一個對象，我還真有點不信。

就在二○○四年底，E先生找我幫他算算他明年哪幾個月份可以交到女朋友？那時我是用別種牌替他算的，約略記得那時的牌義，應該是二、三月份是最好的時機，再來就要到七月份了，我也老實地跟他說了，正宮娘娘會出現的時間其實不多，可能他得需要好好把握春天的好時機。但是我心裡其實也滿納悶，如他這般遊戲人間的男性（他的應酬超多），有時間去找他的正宮娘娘嗎？

數個月過去，他沒什麼消息傳來，倒是有給我看他去奇摩交友開的一個交友版。而剛好我又事情很多、很忙，

也沒空問他的愛情是否有進展。剛好最近我事情告個段落，就接到E先生的來電，聊些工作上不甚如意的事情、聽他發發牢騷，順便給些意見。就在談話裡，他不經意的迸出一句話：「我現在可是有個小女友要照顧……」咦？動作還真是迅速呢，不過兩個多月沒見，真命天女就出現了喔？再回想他之前在MSN上的稱號敘述，好像是有那麼回事，又想到先前有天他傳了個女生的個人網站，那時我只是看了下就把網頁關閉（當時真的是很忙，所以就隨便看看沒仔細瞧，不過印象最深刻的是那個美眉很辣，腿很修長，還以為不知道是那個模特兒的介紹網頁）。我想，可能就是那個女生吧？畢竟是男性友人，比較不像女生可以問比較多的事，「哈！可喜可賀，你的春天終於來了！」我很真誠地恭喜他（雖然我這麼久才知道他交女朋友了，滿神奇的，我跟他是好哥兒們，但是竟然沒即時告訴我？但是其實這樣也好，別人的家務事少管為妙，免得搞不好的時候，還怪在你頭上哩），接下來的情節，當然就是他在電話裡開口要我幫他算牌囉，而我幫他開的牌陣如下：

　　男方年齡：三十三歲

女方年齡：二十二歲

男方跟女方差距：十一歲

男方跟女方年齡總和的個位數為：33+22=55，個位
數為5

男方跟女方年齡總和除以2的個位數為：55/2=7，此
個位數為7

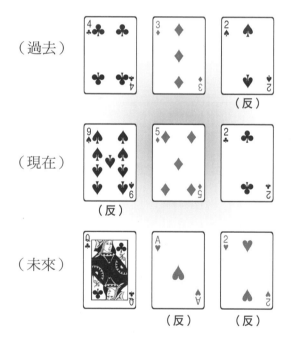

再開出的牌陣中，過去列的黑桃2為反牌，現在列的
黑桃9為反牌，以及未來列的紅心A及紅心2為反牌。

從牌面可以看出，E男在開始的時候，跟對方的關係其實是屬於淡薄型的（牌的力度都不強，表示緣分不深），再從梅花4跟方塊3來看，可知道兩個人應該是偶爾會有些小摩擦，比較不如某些熱戀般的情侶都只看到對方的好，或許也可說這是段比較現實的戀情。再從黑桃2（反）來看，男方對女方的信任度也一直在調整中。

目前的情形則是，戀情走到一個階段，可能有比較大的阻礙會發生，但是如果用時間去調整，是可能可以消弭的（黑桃9反）。兩人的共同財務狀況還好，表示男方並未被愛情沖昏了頭而當了「孝夫」（孝順妻子的丈夫），而這段感情也比較沒有牽連其他朋友，所以朋友僅僅只是了解，但並未涉入或是特意的規勸及建議（梅花2）。再看看接下來的發展，之後朋友會比較關心這對的戀情（梅花Q的力度），滿麻吉的朋友會開始促成雙方的戀情加溫，雖然紅心A跟紅心2都是不錯的愛情牌，尤其紅心A更是僅次於鬼牌的愛情王牌，不過由於紅心A跟紅心2剛好是反牌，要小心是否對戀情太過自信，不好好維繫並體諒對方的狀況，而造成有一方會腳踏兩隻船的局面。

既然牌的結果是如此，我自然據實以告，而他也了解

這個占算結果。這點最好在算牌之前就要先跟要占卜者說清楚，算牌僅是建議參考，即使結果不好也不要太過在意，不然有些人會特意硬ㄠ，不肯承認牌面狀況，說狀況不準外，甚至還會惱羞成怒的生氣，到時就比較麻煩。

　　至於他有沒有說我算得準呢？我叫他不要說出任何準不準的話，畢竟牌面不是很好（尤其未來的紅心A跟紅心2都是反牌），如果要他說準的話，甚至有點在否定他的行為和做事方式。不過老實說，依他自負的個性來看，牌面所顯示的情形，真的是很可能發生的狀況，因為他最大的性格缺憾，就是常一頭熱的對女人好，但是有時又莫名的在相處之間流露出驕傲感啊！

愛情的動向

♥牌前說明

　　這個牌陣可以說是「緣分占卜法」的進化版，從9張牌的牌陣變成13張的牌陣（固定牌1張，其他不固定牌12張），因為本牌陣還有包含本身的狀況可以研判，如果希望能更加了解自己潛在心理狀況的話，這是個相當值得學習的牌陣。

♥使用的撲克牌

　　除鬼牌外的52張牌

♥占卜方式

1. 先將代表自己（或是要求占卜者）的牌放在中央（主牌），如果是男性，就是梅花J，如果是女性，則是紅心Q。

2. 洗牌並切牌完畢後，將牌面朝下，在主牌四周的上、右、下、左（順時針方向），擺上4張牌。然後在這4張牌的上、右、下、左（順時針方向），再放上4張

牌。目前的排列是直5、橫5的十字型（共9張牌）。

3. 然後依序在十字型的右上方、右下方、左下方、左上方
（順時針方向），各排上1張牌，總共4張牌。

4. 將牌面翻開，而牌面所顯示的狀況就是目前占算者的情
形，以及雙方過去、現在、未來的情形。

♥說明

1. 力度是從A、K、Q、J開始，數字越小的力度就一直
遞減。基本上，7以上表示有力度，6以下則影響比較
小。

2. 紅心代表順利、好事；方塊代表金錢、貨幣、財務狀
況；梅花代表朋友及援助；黑桃代表壞運及不順利。

3. 詳細的牌義可以參考撲克牌的正反牌義部分，建議是可
以先參照花色的意義，再輔以牌義來參考。

♥解牌範例

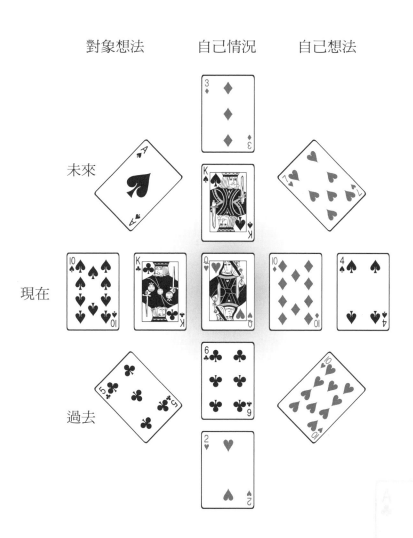

對象想法　　　自己情況　　　自己想法

未來

現在

過去

　　此牌陣是以女性為例來做占卜示範。先從占算者本身
的狀況來看。在算牌者本身來說，來自算牌者自我部分具

有相當大的阻礙壓力（黑桃K），甚至有可能有來自長輩的陰霾。先前幾段失敗的戀情（方塊3），讓她在錯誤中成長及找尋出路，身邊有益友能給予她一些助益。

而就雙方的情形來看，在過去是女方對男方的好感比較深（紅心10），女方個性應是個溫柔的人，雙方的金錢也不至於煩惱（梅花5）。

目前的情形是，男方可能因為身邊人的態度，而對戀情產生疑慮，所以造成某些障礙（梅花K、黑桃10），女方本身在金錢上可能有接連不斷的小狀況產生，（方塊10、黑桃4）這些都有可能影響到戀情的進展。

關於可能的未來，因為出現了黑桃A的壞運之首牌，表示目前的狀況如果不處理的話，會在男方部分造成重大影響，即使女性的愛情魅力及運勢也是相當的強，但是在黑桃A的威力之下，男方就算再怎麼喜歡女方，可能也必須忍痛做出決定。整體來看，女性的愛情程度超過男性部分（紅心均在女方），表示男性是在戀情中較為被動的一方。

占卜心情小故事

青蛙王子的戀情

「占卜」不是女孩子的專利，其實很多男人在戀情告急或是狀況撲朔迷離的時候，他們對占卜的求助度，不見得會比女孩子低。尤其是年紀已經不小、而又急著想找個對象成家立業的男性，這種情況尤其明顯。

我認識的R先生，就是這類的男性中，相當標準又典型的例子。

R先生是我在工作場合上結識的朋友，本來是因為雙方的公司有業務相關往來合作而熟識，後來合作破局，但買賣不成仁義在，雙方還是維持著朋友關係。R先生說話相當謙虛，甚至有時還覺得他謙虛的有點假，不過也是因為他這種太過客氣的個性，又習慣主動打電話給認識的人話家常，所以才會持續保持聯絡。

已經超過適婚年齡不少的R先生，經濟條件不錯，但個人條件可能就要看對方是依什麼樣的標準去衡量外在條件了，如果是想要一定的身高，還不能頭髮稀疏的話，

那R先生肯定不合格。水桶腰、地中海型禿頭、個子不滿一百七十公分，再加上有點嚇人的大眼睛跟大嘴，簡直就像童話裡的青蛙王子（當然是青蛙沒變身成王子前的樣子），如果將他的外在條件以非常客觀的角度來看，其實真替他擔心地捏把冷汗。但如果不以外貌論英雄的話，R先生的其他條件是相當優秀的。據我所知，R先生是去美國名校攻讀碩士學位的高材生，在美國工作也有相當長的時間，回國的原因主要是因為身為家中的獨子，不能不顧家中二老在台灣殷切期盼，所以決定回國發展。

R先生在美國本來就以研究高科技軟體技術為主，因為在美國名校就讀的關係，在財經界及技術界的人脈相當廣，可說是資訊新貴一族。回國後曾在國內數一數二的電信業服務，現在則跟朋友合開了一家軟硬體研發公司。雖不是掛名董事長，卻是公司最高決策階層，位高權重，在公司裡說話可是有份有量，這家新公司人員編制不多，由於業務觸角廣泛，手頭也接了不少開發案，甚至打算合併別家公司。

他在商場上還算順遂，但情場則不然，因為我適得躬逢其盛，R先生回台灣後，到目前為止只曾跟一位女性交

往過。雖然這位女性跟本牌例無關，不過我覺得故事還滿精彩的，讀者也可以從他的第一段戀情中了解到R先生是個怎麼樣的男人。所以我先來說說R先生回國後的第一段感情。

R先生的這段感情，是從交友版開始的。感謝網路之便，台灣的單身男女有了新的途徑去彼此認識，而R先生就是在某大網站的交友版上，認識了她（以下就簡稱A小姐）。

R先生第一次找我算牌的時候，其實是在場午後茶會中。這場午茶會除了我以外，在座其他四位均是男性，我們彼此都很熟識，也都是R先生的好友，大家各自在不同的領域工作，有專業經理人、高級研發技術人員，還有剛從中國回來的專業財務規劃師，大家老友半年沒聚首，各自報告一下最近狀況，順便也聊聊看有沒有什麼商機可以合作。正當在說說笑笑的時候，其中那位財務規劃就跟R先生說了句說：「老R！你現在有沒有對象啊？有的話，讓我們來幫你加把勁，約她出來吃個飯、唱個歌，順便替你說說好話哩。」其實在座的朋友除了R先生外，其餘幾位都已經結婚，財務規劃那位，剛剛添了位千金，所以對

R先生的獨身狀況非常關心。

提起這個敏感話題，R先生顯得有點不好意思：「目前是有個吃過幾次飯的女生，覺得滿不錯的，可是我太忙，沒什麼特別進展。」R先生看了看我，連帶的其他幾個人也看了看我，其中專業經理人那位就開口道：「在座有兩個會占卜，R，你就請他們幫你看看你的戀情怎麼樣嘛！」這個專業經理人的朋友，是個很會享受及玩樂的男人，聽說他太太身材窈窕，而且面容嬌美，去酒吧或夜店，總是吸引很多男性行注目禮，而我朋友則是在旁露出得意洋洋的表情，夫妻倆的最大娛樂就是一個星期至少去個三次的夜店跳舞、喝酒。

聽專業經理人的朋友這麼說，財務規劃那位先生雙手一攤：「我沒帶豆子來，今天只好請另一位來展露身手囉。」我這位在為公司企業主做財務規劃的朋友，他的占卜方式據說是易卦的某種占卜法，是用紅豆（或相思豆）做占卜，然後藉豆子顯示出的卦象，來預測事件發生的狀況。但他沒隨身攜帶的習慣，通常有事情要算才會帶出門，而我則是習慣性地會將牌帶在身上。

那次的占卜結果大致如下：對方跟他所想像的典型可

能大相逕庭，不過對方倒也沒討厭他，如果對方喜歡的點抓對了，兩個人其實還滿有機會在一起的，而這個「點」也是R先生在兩人交往上，遲遲不能進步的原因。

「是嗎？我覺得跟她還滿有話聊的呢！約她吃吃飯、聊聊小說、工作，談得滿開心的。」R先生這麼說，顯得有點不相信我算的結果。

「不過我約她三次出來碰面，三次都不能送她到家門口，然後最近打電話給她，她也說工作比較忙，都沒答應我的邀約。」R先生補充說明。

「太忙的緣故？」我心裡想，這真是個爛藉口，如果對方是自己很喜歡的人的話，大部分的人即使再怎麼忙，也是會抽空出來見面的，除非那位A小姐真的是相當相當現實又理性派的人。其他在座的人不只我有這個想法，從其他人的表情也可以稍微看出點跡象來。大夥兒沈默了一分鐘，突然那位做技術研發的朋友開口了：

「你說你跟A小姐約了吃三次飯，都去哪兒吃啊？」

「兩次是她選的，一次是我選的。她約吃飯的地點分別是×××、×××，而我跟她約是約在天母某家熱炒小館。」R先生回答。

　　接下來的情形，就是我跟專業經理人的那個朋友開始狂笑！

　　「你……你擺明就是搞不清楚狀況嘛！Ａ小姐選的店，幾乎都是吃飯、喝酒、現場伴奏，晚上還開舞場的流行時尚店，這表示她一定相當熟悉這些店，不然不會帶你去那吃飯，你卻是跟人家聊文學、聊小說、聊工作，難怪Ａ小姐就只讓你約三次。」那個熟悉台北夜生活的專業經理人的朋友這麼說。

　　「你應該找些朋友，順便也約她跟她的姊妹們一同出來吃飯、喝酒。要開舞的時間到了，就找她們下去跳舞，如果你不會跳的話，就替小姐們顧包包，眼神記得要關注在Ａ小姐的身上，不時還要流露出欣賞的眼神，這樣才對嘛！」這位專業經理人的朋友果然熟悉此道，大概是常跟老婆出門玩，玩出不少心得。

　　其他幾位聽了專業經理人朋友的話，恍然大悟，畢竟除Ｒ先生以外的兩位朋友，也都沒這方面的常識與知識。

　　「這就是那個你沒抓住的點啊！」專業經理人朋友這麼說。

　　只見Ｒ先生的耳根紅到不行，臉上盡是尷尬的表情，

點頭連聲說：「是。」對我的占卜也就開始信服了起來。

那次的午茶會後，我因為生病在家休養，既沒出去工作也沒跟這幾個朋友聯絡。又過了好幾個月，我那個專業經理人的朋友打電話給我，說他現在任職的公司缺人，問我有沒有空過去試試。打從開始上班，朋友之間的聯絡就開始熱絡地互動起來，剛好公司有個專案要跟這位R先生的公司合作，想當然耳這個專案的窗口，自然就非我莫屬囉。

公歸公、私歸私，即使跟R先生是好朋友，還是要為各自公司的利益設想（不可否認的，認識其實有時會比較好談），但只要離開會議桌，大家就回復成朋友關係，說話也比較不那麼尖銳。

某次的會後剛好還有點空閒時間，不用急著趕回公司，我突然想起前陣子替R先生算牌的事情，就問問他說：「最近感情怎樣？跟那位A小姐還好嗎？」

「沒有了，我後來就沒敢再跟她聯絡。」R先生說。

「為什麼呢？上次那個誰不是已經幫你找出可以親近她的好方法嗎？」我感到十分的疑惑。

「問題是，即使方法是有了，可是我沒辦法喜歡這類型的女孩子啊！在聽了你們說的話後，我才仿若大夢初醒，再去回想那幾次吃飯，的確有不少線索可以發現她是哪種類型、個性的女性。說真的那樣的型，並不太適合我。」R先生這麼回答。

沒想到在工作上如此有衝勁、不畏艱難的R先生，竟然在感情上這麼容易打退堂鼓，既然他自己都這樣覺得，而且不打算去追求的話，那當朋友的也不好意思再多說些什麼了。我點了點頭，表示尊重他的決定。

「你現在方便嗎？可以再幫我算算牌嗎？」R先生問我。

「好啊！你想算些什麼？」有人想算牌，基於幫忙的立場，我很少推辭，除非精神真的很不好，我才會不幫忙算。

「還是愛情囉！算算我跟這位女性的機會大不大」。R先生說。

「沒問題哩！」R先生做人滿不錯的，他既然有需求，又剛好有空，我就用他們公司的會議室，在桌上開了個牌陣，不過那時相關人等除了我跟他之外，其他人全被

趕出去了，不然給下屬看到，免不了會變成職員們茶餘飯

後的話題。

　　我幫R先生開的牌陣如下：

　　從R先生的狀況來看，可說是沉浸在愛情陶醉中的夢想家，這可從代表自己的情況牌中，四張牌中有三張是紅心牌上看出。戀情有朋友相助，工作上也滿有可為的態勢（梅花6）。從過去來看，R先生常常是情場敗將，戀情不甚順利，而對方（簡稱B小姐）是愛情運堪稱順利的女性，不過平實也代表著平淡（紅心5）。

　　目前雙方兩個人的狀況是，B小姐那邊的朋友（梅花8）會是努力促進他們戀情的聯繫人，而R先生這邊目前比較大的問題是在財務方面（方塊J配黑桃K），或許會有野心人士來影響事業的發展。

　　以未來來說，B小姐還是著重在兩人未來在一起之後（甚至結婚）財務上面的問題，但是兩個人應該沒有結婚的希望，有可能是因為男方那邊女性長輩的反應或反彈（黑桃Q）。

　　我問R先生是如何認識B小姐的，R先生告訴我說，B小姐是他同學太太的朋友，因為女方也老大不小，所以很希望B小姐能夠找個好歸宿，因此極力促成兩人的認識跟交往。而R先生因為是家裡的獨子，父母對於媳婦的要求自然不在話下，尤其是R先生的媽媽，特別關心自己的兒

子不知道會娶什麼樣子的女性做媳婦。

　　至於R先生本身事業的問題呢？因為我先前有聽另外朋友的八卦說，R先生的公司因為打算合併其他公司，除了要找大一點的辦公室外，目前可能還需要些資金挹注。R先生私下也有跟我說，正在找金主進來投資公司，至於這個金主可能會帶來什麼影響？我則將這張黑桃K的牌義（野心者）告知了R先生，請他自己在金主的選擇上務必小心。

對付情敵大作戰

♥牌前說明

假如自己喜歡的對象，是一位極富有吸引力的異性，你會不會很煩惱他是不是會選擇你？「對付情敵大作戰」這個牌陣，其在完成的過程中，有相當意象式的表現，讓你可藉由占卜，預測自己是否能夠脫穎而出，獲得他的心，迎向最終的勝利。

這個算法很普及，是個並不需要了解太多牌義就可進行的牌陣。

♥使用的撲克牌

除了鬼牌、梅花Q、黑桃Q、方塊Q、紅心K、黑桃K、方塊K以外的46張牌（但實際在動的牌只有44張）

♥占卜方式

1. 先將牌紅心Q跟梅花K從46張牌中取出，屬於對方的牌放在左上，自己的牌放在右下。而紅心Q代表女性，梅花K代表男性。

2. 仔細洗剩下的牌，然後邊想著對方。（如果是當場幫人算，則請對方想；如果是幫人算而要算的人不在場的話，可以試著以向未知尋求解答的感覺，詢問他們兩個人的戀情狀況）

3. 將剩下的44張牌，以每行11張的牌數，由左而右，由上而下排列成4行。紅心Q跟梅花K則分別放置在第1列的第1張牌前，以及第4列的第11張牌後。換言之，第1行與第4行均是12張牌。

4. 紅心Q跟梅花K從開始到結束維持不動，剩下的44張牌中，同花或同點中間夾著的兩張牌，或是相鄰的同點牌，均可取出。

5. 可以取出的牌組取完之後，所有的牌可以把空缺填滿往前移動，直到牌不能移動為止。

6. 藉由所剩的牌的數量，來看看自己是否能擭取對方的心。

♥說明

1. 如果全部的牌能取出的話，表示兩個人心心相印，對方將你擺在心中的頭一位。

2. 如果剩牌在10張以內的話，表示只要努力加把勁，一定可以獲得他的心。

3. 如果剩牌在10張到20張之內的話，表示兩人要交往不是不可能，但是需要外力的促成。

4. 如果剩牌在20張以上的話，對方與你之間有太多的阻礙，即使兩個人都對對方有意思，但是困難很多，需要克服重重難關，而勝負尚為未定數。

5. 因為牌組的配牌變化很多，所以需要仔細將牌面看清楚，再決定怎麼將牌取出來。

♥解牌範例

以女方占算男方的情形來看：

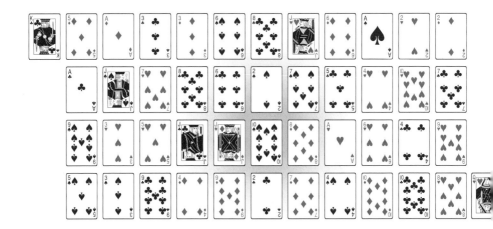

　　占算者可先將梅花K、梅花3中間的方塊5跟方塊A去除，然後再去除梅花3跟方塊3，黑桃6、方塊6中間夾的梅花8跟紅心J去除的話，還可以將黑桃6、方塊6去除，或是先不去除黑桃6跟方塊6，而先去除方塊6跟方塊2中間夾著的黑桃A跟紅心2兩張牌，重複這樣的動作，如果已經無法取出，就將牌往前挪動。看看是否還有機會配對。

　　在「對付情敵大作戰」這個牌陣中，還有另一種取牌方法，讀者可以自己決定要用哪種方式比較習慣或是順手，在此也一併告訴讀者如何取牌占卜。取牌方式是，在此橫十一行、直四列的牌陣中，取出上下、左右、斜角相鄰的同點牌組，如果已經全部取出的話，則可將牌向前移動，直到牌無法再繼續取出為止。

　　「對付情敵大作戰」的算法，除了看取出牌的數量外，還可以參考夾在你和她之間，有哪些花色的牌居多，表示在那方面的問題可能會是比較大的阻礙，例如梅花牌比較多，表示對方滿在乎及看重朋友的想法，如果想要將阻礙去除的話，可能要從對方的朋友著手，紅心代表女性友人；黑桃代表不可抗力的災難跟困境；方塊則是金錢、

物質上的問題。

占卜心情小故事
想死會活標的工作室老闆

　　現在很多人說台灣景氣不好，許多中小企業都到中國去找機會，如果能找個穩定的公司待著，就要樂天知命地穩保位置，即使老闆怎麼酸、怎麼罵，或是無法順當發展，總之只要位置穩坐、發薪準時、薪水固定，就夠謝天謝地的了。但是不想待在公司工作而想出來自己打拚的人卻也是不少，初次見到這位工作室的老闆L先生，發現他就是一個懷抱著創業夢想的人。

　　其實L先生算是運氣不好一族，可能剛好也是他所任職的產業是屬於穩定性比較低的軟體開發產業之故。他所任職過的幾家娛樂軟體公司、幼教軟體開發公司，剛好都沒有像現在這幾家靠網路遊戲大大賺錢而上市、上櫃。即使L先生待過的某家軟體公司後來有上櫃，但是上櫃之後成績也非常不起眼，根本無法跟現在當紅的韓國遊戲拚個高下，幾乎是黯然地退出遊戲市場，後來轉用原本網路遊

戲的技術，改做開發線上的幼教軟體，勉強繼續維持股票上櫃的局面。

這也是為什麼L先生打算自己出來另起爐灶的原因，畢竟娛樂軟體開發產業薪水不多，與其巴望公司上市、上櫃做領股票發財的夢，倒不如自己出來接案子賺薪水還比較實在些。

L先生的工作室其實並不大，只有三位成員而已，除了L先生外還有一男一女，男的是程式開發兼創業伙伴，女的則是負責純執行面的設計工作。L先生年紀較長、見識也較多些，所以包辦了所有相關的雜事，還負責業務洽談以及工作室開發專案走向的處理。本來L先生的工作室接的專案以Flash程式開發為主，不過純做Flash的案子並不是很好接，所以最近又將觸角延伸到網站、網頁的製作，再輔以Flash的開發。而我就是因為剛好有案子要和他合作而認識L先生的。

L先生的個性木訥，在感情上說他純情也不為過。聽他說跟之前的女朋友遠距離戀愛了四年，但最後還是被對方給甩了，目前感情正在空窗期，過了滿長一段王老五的生涯，很想找個女朋友。就是因為共同合作、日久生情，

L先生看上了同工作室裡那位唯一的美眉。

　　然而這一切都只是L先生的單戀罷了。據L先生說，對方女生已經有個交往滿長一段時間的男友，雖然兩人相隔兩地，可是感情很穩定，彼此各自在異地打拚，希望將來能夠一起共創未來。所以L先生對這位女性也不敢表態，深怕她不接受甚至因此打壞兩人的合作關係；同時以L先生為首的工作室收入並不穩定，加上景氣不好廠商給的空間相對地也較小，工作室只能夠靠多接些案子進來維持。而L先生跟那位小姐相處的時間越長，越難掩心中那份喜歡的情感，因此L先生感到非常的苦惱。

　　雖然我跟L先生並不是很熟稔，可是能一起合作也算是一種機緣，而且在他說出他的單戀情形之後，同時有好幾位合作同專案的朋友也都相當想幫助他，所以大夥兒起鬨要我幫他算算，看他這個單戀到底狀況如何，我們要怎麼幫他讓他的單戀能修成正果。

　　於是我用了相當適合L先生現在情況的「對付情敵大作戰」的牌陣，為他做占卜。以下是牌陣呈現出來的結果：對於L先生追求的這位小姐，牌陣中尚未取出的牌總共有十二張，其中六張是紅心、梅花三張、黑桃二張、方

塊一張，這表示在這位小姐的心中，男友還是具有相當
重要的地位；但她對於L先生的經濟狀況如何，倒是不在
意，所以L先生如果想要獲得對方的芳心，「女方男友」
這關恐怕是最大也最困難的挑戰呢。

猜猜他的心

♥牌前說明

俗話說：「射人先射馬。」在追求愛情的時候，如果可以取得對方身邊親朋好友的支持與信任，幾乎可說是事半功倍，而這個牌陣就是要來看看，對方身邊的關係與你的互動好壞在哪裡。

♥使用的撲克牌

除了鬼牌、還有2到6以外的32張牌

♥占卜方式

1. 如果占算者是女性，想要算男性的話，主牌則為梅花**J**（即對方的代表牌）；如果是占算者是男性，想要算女性的話，對方的代表牌是紅心**Q**。將代表對方的主牌放在正中央。

2. 誠心地祈求了解你和她的戀情狀況，然後充分的洗牌，洗到覺得可以停止即可。

3. 直接從頂牌開始，在主牌的上、下、左、右，以及紅心

Q本體上各放上1張牌。

4. 然後拿開8張牌，再在主牌的上、下、左、右，以及紅心Q本體上各放上1張牌。

5. 再拿開8張牌，再在主牌的上、下、左、右，以及紅心Q本體上各放上1張牌。

6. 目前的情形是主牌處會有4張牌（含主牌），其他上、下、左、右四處則會各有3張牌。

7. 將牌左右翻開，從牌面來看你和對方的關係人互動如何。

♥說明

1. 對方主牌的本體區，是指對方身邊最親近的人。

2. 主牌上方區，是指對方的長輩（如爸爸、媽媽、哥哥、姊姊、上司、主管）。

3. 主牌下方區，是指對方的晚輩（如妹妹、學妹）。

4. 主牌的左方區，是指與對方年齡相近的朋友或同事。

5. 主牌的右方區，是指對方的年長朋友或同事。

　　從花色來看，每個位置如果有兩張同點牌或同花牌，

表示如果努力的話，可以能獲得對方的了解與協助。如果每個位置上的花色跟點牌很雜亂的話，表示你可能要花更大的努力去取得對方的信任。以下是點數所代表的含義：

A ：有強大能量能協助你的人

K ：能成為你的戀情支柱的人

Q ：會關心、關懷、幫助你的人（不過黑桃Q代表有嫉妒心強的女性）

J ：熱心幫助你的人

10：正當你危急時會拉你一把的人

9 ：可供你諮詢、諮商的人

8 ：潛意識對你懷有敵意的人

7 ：對你不甚喜歡的人

這個牌陣跟一般牌陣比較不同的是，大部分的牌陣多是看花色，但本牌陣則是以看點數為主。並以每個位置最主要的點數來看。比如成對：以數字字義為主、成花：以點數大的為主，點數小的為輔，有可能意義會相反，這代表潛意識心態；如果是三張牌均不同，則表示對方對你尚處於不信任的階段。

♥解牌範例

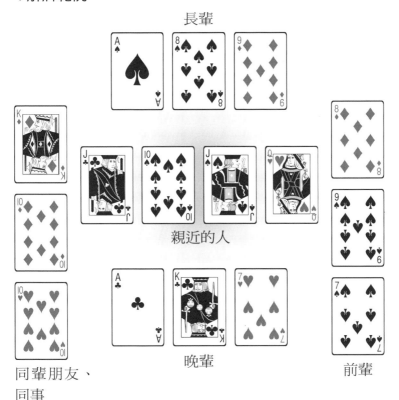

長輩

親近的人

同輩朋友、
同事

晚輩

前輩

　　以女性占算者算男性來看，長輩方面還算是相當看好這段戀情（黑桃A），但是潛意識中還是有些不安定因素；就男方最親近的人來看，出現的牌相當混亂（黑桃10、黑桃J、紅心Q），表示對你的支持度目前處於搖擺

狀態，你可能要花更大的力氣讓對方信任並幫助你；就前輩來說，對方可能表面上很幫忙，但是潛在有點不情願（同花的黑桃9跟黑桃7），但晚輩跟朋友、同事則是支持的態度（晚輩同花色的梅花A、梅花K，同事的方塊K、梅花10），總體來說，即是對方的朋友晚輩對你的支持度頗高，但是他的前輩跟朋友則要多花點心力，讓他們也能支持你。

占卜心情小故事

網路公婆

「大姊！大姊！妳在睡覺嗎？」

凌晨三點才在網路上組隊練完功的我，一大早就被手機聲響吵醒從被窩中爬了起來。

「到底是誰啊？」我心裡嘟囔著，當然是因為還沒睡夠就被不知何許閒雜人等call醒，我抬頭看了一下牆上的時鐘——清晨六點，光想到六點心裡就有氣！早上六點耶！這個時候能起床的沒幾個人吧？

但是手機響了，家裡還有其他人也在睡（吵醒了家人

我會變成大罪人，到時吃不了兜著走），不接不行，我快速的抓了手機，躲進家裡最安靜的角落——廁所，然後按下了接聽的按鈕。

「喂？」我壓低了聲音，「哪位？」

「大姊是我啦！我是阿豪。」接到是阿豪的電話，雖然心中不太爽他這麼早打電話來，不過阿豪現在還在唸國中，早早起床去上學倒也是無可厚非。

說到阿豪這個小朋友，真是滿有趣的。在我們那一票玩網路遊戲的中年（基本上在遊戲裡面三十歲就被叫阿姨了）歐吉桑、歐巴桑中，不知為什麼，這小鬼頭就莫名其妙的跟我們攪和在一起。說真的，反而有時都麻煩他幫忙照應，像要去網站上找些攻略、練功點，或是一些還沒確定的採集點，他總是比我們還熟，我甚至有點懷疑他有沒有在學校用別的ID偷偷上遊戲網站或是掛網賺coco。我是知道他們幾個同學一起練幾支帳號，個個屬性配點都有夠強，而阿豪大概某個固定時間就會用他那支法師主動來跟我們這群中年人閒聊，吆喝著來找我們去練功。我覺得這群小朋友真有夠了不起，似乎精力永遠用不完，晚上上完課補習回家後還有力氣玩遊戲（甚至是半夜爬起床背著

媽媽偷打……）。

但最近在網路遊戲裡，阿豪的人物角色身邊多了個美眉叫潔西，有時他也會帶著她來找我們練功，本來只是看他在遊戲裡面帶著她到處跑，不過最近好像感情越來越不錯，阿豪特別去為她蒐集了一些道具、給錢（遊戲裡的貨幣——不要誤會）不說，近來開始好像還申請了跟潔西當情侶，兩人開始以公婆相稱。有聽阿豪說，潔西跟他差不多大，家住中部，哥哥也一起在玩這套網路遊戲，ID是×××，在我們大人的眼裡看來，其實會覺得網路是很虛擬的，所謂公婆不過就是網路上的一個遊戲，但是看著這些小朋友玩網戀這麼開心，說真的任誰都不忍心刺傷他們呢。

「姐啊！下個星期在台北××餐廳的網聚妳要參加嗎？」

「應該會吧！家族難得才聚一次會，而且最近剛好沒事，我應該會去。」

我心裡想著：「這小子，不會一大早打電話來就問這件事吧？是安怎？如果不是太無聊，那必定是有啥事要說。」

　　「大姐，潔西說她會跟她哥哥從台中來台北參加網聚，怎麼辦？我好緊張喔～因為潔西說想趁著網聚的機會來跟我見見面。」聽到了這番話，我立刻展露出漫畫裡三條效果線的表情。（喂，別鬧了，不是都有在通mail嗎？而且也都有互相交換照片了，還會緊張喔！可是我在電話裡可不能這麼說！）

　　「沒差吧？反正大家都是網友，見個面也是無所謂，你幹嘛那麼緊張？」

　　接下來我就聽阿豪開始敘述他跟潔西在網路上認識的經過，叨叨絮絮的一長串。老實說猶在神遊中的我也沒聽進去幾句，不過最後的重點我總算是聽到了，「姐啊，可以幫我算算我跟她之間有沒有機會跟希望啊？」

　　喔～原來阿豪這通超早電話的目的是這樣啊！當時的我仍是睡眼惺忪，精神不濟也不是算牌的好時機，於是我就跟阿豪做了個口頭約定：「這樣好不好？下個星期網聚結束後我幫你算，反正我想潔西她哥都跟在身邊，即使你想要和她單獨行動也不可能。」聽到我的回應，阿豪好像有點不太好意思、但又達到目的的在電話那頭很肯定的說道：「好！那大姐就麻煩妳網聚那天結束後幫我算算

了！」

　　很快地就到了網聚的日子，這次也是這幫網友們頭一回大型的聚會，主辦人特地挑選了個滿寬敞的餐廳，或許就是由於大家有著網路遊戲共通的話題，即使大家未曾真正見過面（看過照片當然不算囉），只要ID一亮出來，大家很習慣地想到是用那個角色的人物、職業是那個，大家聊起在遊戲裡的話題，很快地便聊開了來，人雖然多，但倒也是聚成好幾桌，也有些人習慣東串串門子、西串串場，大家高談闊論，講到遊戲只差沒有把餐廳掀翻了。

　　因為主辦人的人面很廣，所以我很快便跟同家族的人相認，其中當然也包括阿豪。一見到阿豪，心裡直覺就想著：「這傢伙長得還真不錯！」清清秀秀的，身材也屬於修長型的，倒也不難想像為什麼有小女生認他當公。不過相對於他在網路上嘰哩呱拉的話很多，網聚時倒是顯得頗為安靜，有時若有所思，真不知是不想說話，還是在想著人？

　　網聚進行到中場的時候，女主角潔西跟她哥出現囉！潔西長得非常可愛，但是穿著打扮看不太出來她實際的年

齡，大概因為家族裡的人年齡偏高，所以也沒什麼人特意鬧場，潔西跟她哥來我們這邊聊了一下，也跟阿豪打了招呼，沒多久只見她哥哥轉往別桌（因為他不是我們家族的，可能想說歸屬感不夠），潔西就跟著她哥去別桌聊天了。只剩下阿豪跟我們這群老人家在這桌，你看我、我看你的。

雖然這對公婆相認的情況不如預期，但看阿豪的表情反倒很釋懷，話匣子也開了，很開心的跟我們聊了起來，家族的人也很快地將這些事情拋在腦後，邊吃邊聊、邊聊便吃，聊聊遊戲跟個人的生活與經歷，氣氛很是熱絡。家族的人提議接下來要續「ㄊㄨㄚ」，阿豪也很阿沙力的說，「好啊！」於是聚會結束後，大家又找了個泡沫紅茶店，這時有個比較不識相的大哥鴻雲（鴻雲當然是他在網路裡的ID囉）問阿豪：「你怎麼沒把你婆帶來跟大夥兒一起去？」

「我……啊……」阿豪的表情真是難以言喻，旁邊一個媽媽級的網友趕緊打圓場：「人家哥哥在旁邊耶！鴻雲你是看不清楚態勢喔～」

「其實我也很悶啦……」阿豪說，「我跟潔西在網路

上感覺好像很熟，可是今天見到了面，卻又不像網路上感情那麼好，到底是她覺得我不好呢？還是覺得今天的場合有什麼不對勁、不適合？我期待這天很久了，可是看她的態度冷冷的，我一個人也熱不起來。大姊，幫我算算看到底是怎麼樣？」我認為是因為今天潔西的哥哥也在場，再來因為是網聚的場合，對方周遭的朋友關係變成是比較重要的影響，而我幫阿豪開的牌陣如下（還可輔以前面已經教過的「緣分占卜法」、或是「我愛你」等等的牌陣）：

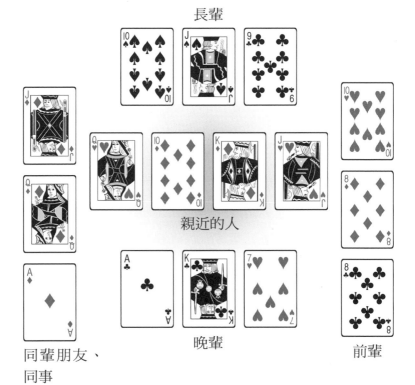

長輩

親近的人

同輩朋友、
同事

晚輩

前輩

基本上，阿豪這副牌的花色除了潔西的前輩那方面，花色都相當整齊，幾乎都是支持者（牌面都是牌義良好的大牌），除了前輩那邊同點的方塊8或梅花8，表示潔西的年長朋友那邊可能會比較不喜歡他，大概我們這群歐巴桑、歐吉桑對阿豪的看法跟另一群不太一致。

我看了看牌說：「或許你覺得今天的狀況出人意表，但是基本上大部分的人都滿支持你的，包含潔西她哥哥，不過可能潔西也有認識年長的朋友，對你不甚信任，可能還懷疑你是不是好人呢！」

「對啊、對啊，潔西有認識另外一個家族的，有幾個看我好像不是很順眼的感覺。」阿豪點著頭回答。

「那你就當作參考，並且試著打入那邊的圈子看看囉！連我們這些老先生、老太太你都可以服務得這麼好，我想另一群你應該也不是問題吧？」我這麼對阿豪說。

★ ★ ★

之後有一陣子，因為工作的關係，我都沒有上線去。不過我想，阿豪應該是有聽我的話去努力追求，而且還主動去跟潔西周遭的關係人保持良好互動吧？因為我的信箱收到了一封信，正是遊戲裡拍下的阿豪跟潔西兩人的遊戲

家族的合照，裡面的潔西跟阿豪，正有著心型的符號呢！

第 三 章

每天的好運勢、
讓告白能無往不利——運勢占卜

幸運十點

♥牌前說明

跟遊戲「撿紅點」相當類似，很適合問單一事件是否順利，是相當簡單的一個占卜方法。

♥使用的撲克牌

除了鬼牌以外的52張牌

♥占卜方式

1. 將牌由左而右，由上而下擺成3行，每列的牌數分別為5、5、3。

2. 將數字相加為10的2張紙牌取出（A數字為1）。

3. A、K、Q、J的圖牌需要湊齊4張才可取出。

4. 空出的牌陣空間用手牌遞補，直到無法再移動13張牌的空間為止。

♥說明

1. 如果一次就能將牌全部取出，表示心想事成，要做的事

會相當順利。

2. 如果剩牌在10張以內，表示如果能獲得身邊親友、朋友、長輩的協助，應可順利完成。

3. 如果剩牌在10張至20張以內，表示情況不甚順遂，加把勁努力或許有成功的機會。

4. 如果剩牌在20張以上，表示你的希望可能會遭受到很大的阻礙。

5. 若排出牌型後，無任何一張牌能夠取出，要小心會有突發性的變化，致使你的計畫必需更動。

♥解牌範例

如前圖所示，首先A、K、Q、J四張牌即可取出（Q可選紅心Q或黑桃Q，K可以選黑桃K或梅花K，並無差別），黑桃6可以跟紅心4或者是方塊4配成十點，梅花2可以跟梅花8配成十點，空出的空間由手中的牌遞補即可。

占卜心情小故事

蓋利先生的提案

認識蓋利八年多來，我根本沒看過他工作這麼窩囊過。

印象中的蓋利，曾當過某上櫃公司的雜誌總編，每次見到他，總是免不了要哈腰、鞠躬，深怕產品上不了他的雜誌而降低了曝光機會。蓋利的行事態度相當嚴謹，甚至還有點嚴肅，連帶的表情也不苟言笑。其實剛認識他時雖尊稱他是總編大人，但實在談不上什麼交情，有時跟他聊天，心中還是畏懼三分，反倒是雜誌主編，個性和藹可親，比較有交心談話的機會。

蓋利因為是部門之長，跟董事長見面的機會頗多，所

提的案子與見解也相當獨特，深受董事長的器重。但是十年河東、十年河西，過往意氣風發的光環因為市場轉變而逐漸的減弱，再加上公司集團的組織變更，董事長換人，所以蓋利先生在風光時急流勇退，轉投向廠商的懷抱，但這一投，卻踏出了錯誤的第一步。

他先去廠商那邊的網路部門擔任企畫經理，剛去的時候，那家公司正準備要上櫃，因此大張旗鼓、招攬賢才，尤其當時那個部門還算是新興產業，也是該公司的金雞母，所以當時跳槽過去那家公司的景況還算是不錯。但過去沒多久，那家公司的狀況就開始大不如前，原來有的研發品質降低、代理的產品也賣不好，上櫃之後股票價格又適逢當時經濟不景氣影響，股價連番狂跌，就在那個時候，蓋利先生又跳槽到另一家相關合作產業的公司，這回的運氣可又更差了。

那家公司在台灣是屬於門市類型店的後起之秀，之前還大張旗鼓地在台北開了不少分店，還在最熱鬧的台北火車站開了旗艦店呢，為了擴充產品的販售，公司斥資一億元買產品，且這個合約還是蓋利先生擬定洽談的。不過就在這家公司每個分店炒作的最沸沸揚揚的時候，突然爆發

總經理貪污公司資金的事件，店一家一家的收。公司相關人員也一個個被裁撤，蓋利先生可說是從天堂掉入地獄，最後只得黯然地離開。

這兩年多來，我沒聽到過任何蓋利先生的消息，正在想他不知道現在在哪裡高就，是去彼岸發展了呢？還是回去家鄉、甚至轉行。跟老朋友聊起蓋利先生，幾乎每個人都跟我說沒有他的消息，也沒有人知道他到底在哪裡，直到最近，才有了蓋利先生的消息。

因為某個新認識的朋友之故，恰巧地在朋友的任職場所碰上了蓋利先生，蓋利先生的面相跟說話方式，都跟當年相差許多。「我這幾年並不順利，你知道，這是會影響人的個性跟想法的。」蓋利先生所任職的公司，是個非常奇怪的企業，旁人看起來可能光鮮亮麗，畢竟在該集團中，有三家上市、上櫃公司，公司陣容浩大，工廠遍佈台灣、上海、東莞、內蒙，不明究理的人定會認為在這樣的公司工作前途無可限量，但如果熟悉該公司狀況後，會發現那是家金玉其外、敗絮其中的公司。蓋利先生自然不好意思跟我說這麼多，但是我所接觸到的其他人或其公司高階主管的行事態度，卻明明白白的顯露了這一切。公司每

個專案的運行幾乎都卡在提案階段，研發能力比起市場同性質產品薄弱，在競爭激烈的市場上根本是不堪一擊，數位內容的製作上也不夠水準，從擔任總編近十年以上經驗的蓋利先生來看，這樣的業務組合可說是完全不合格。

為什麼蓋利先生沒有自告奮勇去擔任這個任務呢？原來是因為公司裡高階經理人太多的緣故，三十多個人的編制裡，竟然有一個總經理、三個副總同時向集團董事長負責，而這四位主管就像是角力一般，互相爭奪權力與地位，剛好蓋利先生專長的媒體部分並不屬於他的直屬主管管轄，於是乎就只能在旁邊靜觀其發展。

在蓋利先生任職的這個企業裡，還有個特點是非常有趣的，公司的這幾位總經理、副總，在初始提案時幾乎都不通知除他自己以外的總字輩，而且走向南轅北轍，非要靜待集團董事長覺得提案不錯，且開始評估後，彼此才有可能知道有此專案（僅限交情好的狀況下）。但是如果沒有先獲得人力的配合或了解其可行度，專案的提案幾乎就是等於空談，所以如果蓋利先生要提個專案，首先要先去問問其他部門小主管的意見（純粹只是要了解對方是否有能力支持），然後再來寫專案報告，專案提案完後，還要

看看其他配合的相關單位這些副總們答不答應才成。

「我都快變成POWERPOINT天王了。」一天去找蓋利先生喝咖啡時，蓋利先生這樣說。

「在這邊每天就是提案、提案，寫營運報告，看來如果我有寫完的那一天，恐怕我的階段性任務大概也就完成了。」蓋利先生以帶著自嘲的口吻說道，「不過最近有個提案，關係到我們這個單位的未來發展。」原來蓋利先生隸屬於某個副總，這個副總似乎不受老闆喜好，目前是在很「黑」的狀況，而蓋利先生所要提的提案，正是為副總所寫，希望能藉此提案在業務上、商品上有所進展，同時也是為副總去老闆的跟前搶一席之地。

「你來幫我算算看，這個提案成功機會怎樣？集團董事長今天從中國回來，晚上剛好有空閒時間開會。」蓋利先生所任職的這個集團公司，老闆相當忙碌而且非常喜歡利用假日或下班的時間跟總經理、副總討論正事。

我用「幸運十點」的牌陣替蓋利先生算這個提案是否會順利，狀況則是剩牌達二十張以上，顯示這個提案面臨重重阻攔，可能不是那麼好解決。

蓋利先生看了看牌陣，「唉！算了，反正我已經很習

慣了，如果沒事可做，那就只好混吧！」蓋利先生有點落
寞的說。回頭想想蓋利先生過去英氣勃發的模樣，再看看
他現在提案、說話無足輕重的狀態，我們也只能說：「盡
人事，聽天命。且戰且走，看著辦吧！」問題是，如果員
工在這家公司只能混，想一展長才也沒個機會，那這家公
司又能夠混到幾時呢？

開運ABC

♥牌前說明

　　此牌陣將人生整理成三十二個問題，藉由花色的解讀，為占算者目前所想問的問題作解答。三十二個問題中有部分相關聯，所以可就相關的問題的牌一起參考並解答。

♥使用的撲克牌

　　除了鬼牌、2～6以外的牌，總共32張

♥占卜方式

1. 先將牌洗乾淨，然後在心中默唸你想問的問題。

2. 問完問題後，再洗一次牌，此次洗牌的方法是，以你的年齡十位數加上個位數的總和搓洗，例如三十五歲，為3+5=8，要搓洗牌八下。

3. 然後切牌，如果要算牌的對方在現場則請他切牌，如果不在場由算牌者代為切牌。

4. 將牌擺成橫向八張、縱向四張，總共三十二張的牌組。

5. 每一個位置上的牌，都代表一個問題解答。

6. 讀者可參照本書所示，找到你所想問的問題，其所在位置的牌的花色意義，看其所代表的問題解答，來獲得你想要的答案。

（問題解答牌的位置）

願望	幸福	目的	地位	競爭	財物	生命	家運
1	2	3	4	5	6	7	8
友情	疾厄	事業	戀愛	婚姻	物質	投資	災禍
9	10	11	12	13	14	15	16
職業	合作	計畫	援助	信用	異性	就職進學	賭運
17	18	19	20	21	22	23	24
健康	夫妻關係	居住	旅行	婚姻	商談	他人餽贈	情人
25	26	27	28	29	30	31	32

♥說明

1. 願望

♠黑桃：要有妨礙很多的覺悟。

♦方塊：可能不如你想像的在進行。

♥紅心：會順順利利符合你的要求。

♣梅花：依你的心態與努力會獲得不同的結果。

2. 幸福

♠黑桃：目前的幸運只是一時，要小心即將面臨的未來。

♦方塊：過於自私的心態與行為會讓你的運勢不能繼續。

♥紅心：事情還會持續幸運下去的。

♣梅花：順勢而為，幸運還是會跟在你身邊。

3. 目的

♠黑桃：你把一切都想的太過簡單，忘記了困難的那一面。

♦方塊：想要達成不是純粹靠金錢就能完成。

♥紅心：會如你所想像的向目標邁進。

♣梅花：有朋友的後援就有機會順利達成。

4. 地位

♠黑桃：萬年職員，不要想太多。

♦方塊：會達到一定的位階，但若是要得到更高的職
位，有些困難。

♥紅心：你的能力跟你的職位相得益彰。

♣梅花：要有一些作為，才有機會。

5. 競爭

♠黑桃：會因為心有旁鶩而被妨害。

♦方塊：你的努力還需要加把勁。

♥紅心：你是最終的贏家。

♣梅花：會獲得他人讚賞，但其他的就不一定了。

6. 財物

♠黑桃：容易用盡的不耐久財。

♦方塊：或許會有意想不到的財運。

♥紅心：能夠以逸待勞的獲得。

♣梅花：太過信賴自己的調度狀況。

7. 生命

♠黑桃：要小心突發狀況。

♦方塊：要更在乎身邊的人。

♥紅心：會長壽地過著快樂生活。

♣梅花：注意交通事故。

8. 家運

♠黑桃：要注意突發的財務狀況。

♦方塊：為了金錢的事情在操煩。

♥紅心：過著美滿的生活。

♣梅花：朋友是你生活的重心，有家庭亦然。

9. 友情

♠黑桃：不容易交上朋友的性格。

♦方塊：要了解真正「朋友」的定義，以免被所謂的
　　　　「朋友」背叛。

♥紅心：過於情緒化有時不能跟他人圓融相處。

♣梅花：可以獲得相當真摯的友情。

10.疾厄

♠黑桃：壓力過大，造成你的精神跟體力耗弱。

♦方塊：偶爾生些小病的體質。

♥紅心：維持心情的愉快，就能保持身體健康。

♣梅花：心思上很容易去想東想西的人。

11.事業

♠黑桃：小心被身邊親信的人所欺騙。

♦方塊：知道問題在哪裡，解決就能上軌道。

♥紅心：會一如預期的想像進展。

♣梅花：目前情況正穩定的進行。

12.戀愛

♠黑桃：會被別人所妨礙阻擾。

♦方塊：兩個人有些小地方還不能互相容忍。

♥紅心：心心相印，順利的向美好的結果前進。

♣梅花：兩個人當朋友可能比戀人更好。

13.婚姻

♠黑桃：小心會被怨妒的人所破壞或影響。

♦方塊：可能有人不死心地想介入你們之間。

♥紅心：將會有個美滿的結局。

♣梅花：朋友的意見讓你們因此心生搖擺。

14.物質

♠黑桃：切記一切勿貪，貪小則失大。

♦方塊：會有不錯的收入。

♥紅心：幸運地獲得物質的享受。

♣梅花：要想收穫，穩紮穩打才是上策。

15.投資

♠黑桃：小心不要受到他人的鼓吹而迷惑。

♦方塊：有點小偏財的機會。

♥紅心：有貴人相助。

♣梅花：穩穩定定的投資理財。

16.災禍

♠黑桃：可能要小心突如其來的災難與損害。

♦方塊：切記勿利欲薰心，而不在乎他人狀況與感受。

♥紅心：心態保持正心誠意，遇到問題也會過去。

♣梅花：可藉由朋友的幫助度過危機。

17.職業

♠黑桃：你自己不喜歡又讓你身心煎熬的職業。

♦方塊：平平凡凡餬口飯吃的職業。

♥紅心：適合你興趣的職業。

♣梅花：容易變動性大的職業。

18.合作

♠黑桃：要小心不要踏入對方所設的陷阱。

♦方塊：雖然會辛苦，但也會有所收穫。

♥紅心：合作方面往正向進行。

♣梅花：要注意不要和盤托出，以免秘密被洩漏。

19.計畫

♠黑桃：計畫是越少人知道越好，人多嘴雜反難進行。

♦方塊：要看準時機與詳細規劃再做行動。

♥紅心：計畫會順利地進展。

♣梅花：得到朋友的助力，往目標邁進。

20.援助

♠黑桃：他人援助你可能是想要跟你條件交換，要審慎的評估。

♦方塊：意外的援助，讓你如虎添翼。

♥紅心：他人出自誠心的幫助你，讓你順利進展。

♣梅花：真誠地相信別人，可以獲得適當的援助。

21.信用

♠黑桃：只顧自己的心態，讓他人很難去相信你。

♦方塊：勤奮的行事態度自然會累積你在他人心中的信用度。

♥紅心：性格上的優點——人緣好、做人誠懇，可以獲得他人的信任。

♣梅花：如可以與他人良性的互動，產生緊密的關係，就能獲得信任。

22.異性

♠黑桃：對異性關係看不開、鑽牛角尖的人。

♦方塊：對每個人都表示好意，公平對待的人。

♥紅心：深具異性緣的人，也因此可獲得某方面的幫
助。

♣梅花：有異性、沒人性，忘記自己還有其他關係要維
繫的人。

23.就職進學

♠黑桃：有可能因為你的情緒、個性、處事作風，而格
格不入。

♦方塊：可以進入符合你期望的地方。

♥紅心：你的條件受到任職公司或就讀學校的肯定。

♣梅花：如獲得長輩的協助，成功機率會比較大。

24.賭運

♠黑桃：最近不是賭博的時節，有可能會輸個精光。

♦方塊：如果硬凹下去，說不定可以拿回本錢的機會。

♥紅心：必須要考慮實際的虧損，是否是你所能負擔的

起的。

♣梅花：與其要賭，還不如不賭。

25.健康

♠黑桃：不愛惜自己身體的人，又怎麼會健康呢？

♦方塊：心境平和是自癒的良方。

♥紅心：健康情形目前大致還不錯。

♣梅花：不要每天忙於應酬、或是耽溺玩樂，有損健
　　　　康。

26.夫妻關係

♠黑桃：雙方的眼裡均容不下一顆沙粒，過度地在乎自
　　　　己而忽略對方會有不好的結果。

♦方塊：互相包容體諒對方的情形，雙方一同為經濟奮
　　　　鬥，關係會更入佳境。

♥紅心：彼此扶持、關愛對方的兩人關係。

♣梅花：要小心他人謠言，或者是因為一時氣憤而說出
　　　　妒忌傷人的話語。

27.居住

♠黑桃：居無定所，想買房子的心常因外力或本身因素而被迫終止。

♦方塊：有機會買到合乎自己需求的房子。

♥紅心：天之驕子，過著安居樂業的生活。

♣梅花：只要努力，一定可以存錢為自己買房子的。

28.旅行

♠黑桃：小心舟車事故，以及當場臨時發生的小狀況。

♦方塊：保持愉快的心情，就能擁有快樂的旅行。

♥紅心：會在旅行地高興的旅行，單身者說不定會有豔遇。

♣梅花：如果是跟朋友一起出門旅行，要先協調好以免打壞朋友關係。

29.婚姻

♠黑桃：自己本身的問題較多，好好考慮處境，再決定是否要在當下結婚。

♦方塊：歷經幾次的戀情與試煉，最終總能找到自己喜

歡的對象。

♥紅心：你是個很富吸引力的異性，可以多方面選擇，也可能一見鍾情。

♣梅花：你比較在乎你心中真正的感受，而不想為了結婚而結婚。

30.商談

♠黑桃：有失敗的風險。

◆方塊：謹慎地評估，有助於商談的進展。

♥紅心：商談順利，有機會為公司立功或賺錢。

♣梅花：可能要稍微調整談判的策略。

31.他人餽贈

♠黑桃：還是少收為妙。

◆方塊：實用的贈禮。

♥紅心：很不錯的禮物，應該好好珍惜。

♣梅花：一般的禮物，收之無趣、棄之可惜。

32.情人

♠黑桃：容易吃醋的情人類型，要小心他大男人或是歇斯底里的讓你無法接受。

♦方塊：雖然需要花點時間去磨合，但是終究會出現適合你的人。

♥紅心：他會是你所愛戀的情人，或許是你根本沒有想過的夢中對象。

♣梅花：比較像是朋友，會在適當時機伸出援手，並且愛護你的情人。

♥解牌範例

「開運ABC牌陣」，基本上幾乎是沒有任何難度的算法，因為它是將你目前的情形，藉由撲克牌去顯示出來的。

唯一建議的就是要專心、誠意。若能夠配合其他的占卜方式（如塔羅），可以獲得更明確、更中肯的答案。

仔細去聆聽自己內在的聲音，並且願意真正的面對自己，這樣才是解決問題的最佳之道。

占卜心情小故事

說塔羅牌是心理學的冬東

「幫我算牌。」MSN傳來一個好直接的訊息,那是剛從越南回台灣來的我的朋友冬東,她是一個雖不算深交,但是還算有話可聊的朋友。

冬東是個很多才多藝的女生,她最近新的身分是「作家」。出身於音樂家庭,媽媽是早期由上海過來台灣的一位知名歌手。從小冬東就被要求學長笛、鋼琴、聲樂,使用樂器的技巧相當精湛,不過冬東並沒走上音樂這條路,因為她看到母親從事音樂這條路的辛苦,所以她毅然決然地決定當個企業人。而寫作,則是她工作後的消遣,不過即使是消遣,也是有聲有色,她所寫的小說,很得一些人的好評,並且還有出書的計畫。我也曾拜讀她的作品,網路上還有人為她的文章做專區評論,我則是覺得她的文章不但充滿異國情調(在越南生活的背景?),而且還有種上海味,散發出如老留聲機迴轉式地幽幽風情。

話岔的太遠了,還是趕緊切入主題。冬東其實告知

我，她即將回國的消息已經有好一陣子。她打算這次回台灣，先找工作然後就在台灣定居下來。過沒多久，冬東就在MSN上告訴我，說她回國了，也已經找到工作，是老本行。雖不是很滿意那家公司，但是看在錢的份上，也就接受了。

「我想去別家公司看看，目前我們公司的某位主管×××，願意介紹另一家同業的高官給我認識。」冬東在MSN上面這樣寫著。

「×××？喔……原來他在你們公司啊？他既然說要介紹，那不妨可以去認識一下啊。」嚴格來說，冬東其實也算是我的同行，我也算是早她入行好幾年的前輩，不過我現在已經脫離業界，從事其他行業。

「幫我算牌，看看去那家公司怎樣。」因為她的情況有些複雜，我當下決定以塔羅牌加上撲克牌來替她算算看。算的情況大致是這樣，這兩家都不見得好，如果真要比個高下的話，現在工作的這間公司可能還好些，想去的那間公司可能名不符實，真想要的發揮機會可能更少。但是在塔羅上她的建議牌有張很明顯的女教皇（反牌），很明顯的是冬東自己本身對這個工作的心態有些不能接受。

我在MSN上這樣打著：「這兩家都不怎麼樣，待在現在的公司可能會比較好些，塔羅的建議牌是女教皇（反），妳自己的心態比較重要，基本上是妳自己不太能接受這個工作。」

我還沒把接下來的話打完呢，冬東就直接打斷：「你這已經是心理學，不是算命吧！」冬東應該是認為，先前她曾經對我說過，希望回台灣後可以在其他業界發展，但因不得已才又回到老本行工作，她可能是認為我是順著她之前曾說過的話在做解釋。

「冬東！妳還沒聽我說完啦！除了塔羅牌之外，我還用撲克牌來占算妳目前工作的狀況。」在「命運之門」的牌陣裡，跟工作相關的有三個位置：4.地位、11.事業、17.職業，而冬東在這三個位置上所拿到的牌分別是：4.地位，黑桃：萬年職員，不要想太多。11.事業，方塊：知道問題在哪裡，解決就能上軌道。17.職業，黑桃：你自己不喜歡又讓你身心煎熬的職業。

「從撲克牌占卜的解讀來看，基本上妳不用在這家公司裡想太多。在地位上，萬年職員，別指望有發展升遷的機會。事業上，方塊，表示妳自己一定覺得有些問題無法

解決；而職業的部分，黑桃，表示妳壓根不喜歡而且心裡面甚至有所排斥，而且這張牌又跟塔羅的建議牌女教皇（反）相呼應。」我打了一長串字跟她解釋，因為如果我真的要用順著她的心理的說法，那我何必要擺兩次牌陣算牌呢？算牌也是要花費不少氣力的呢。

「你這樣真的有準。我相信了。」冬東這樣回答我，聰明如她，應該已經可以了解我在說什麼了吧。

不過就我所知，由於那家公司基層人員經常變動，照道理來說，以冬東的能力來看，應該是頗有機會升遷才是，剛好那家公司有幾位高階主管是我認識的，所以我就問問冬東是在哪個人的管轄之下。問來問去，終於問到最後一位，是連我都不怎麼承認我認識他的人，冬東回答：「你說他啊？他就是我的頂頭上司啊！」

就當過我的部屬，也當過那人的部屬的一個人曾經這麼地形容冬東的上司：「那個人喔！什麼都不懂，只會出張嘴，叫別人去做事，有功勞的話，他就攬在身上，也別指望他會提拔下屬。」基本上算是個很厚臉皮的上司。

冬東的回答，讓我茅塞頓開。原來「命運之門」裡地位的那張黑桃牌，問題就出在這位上司的身上啊！

今天的運氣

♥牌前說明

　　好運道的日子，做起事來似乎特別有勁，想知道今天運氣好不好呢？就用這個牌陣來為你解答吧！這個牌陣跟「蒙地卡羅」很像，不同處在於場牌數量的分別，一個是二十張、一個是二十五張，可別搞混了喔！

♥使用的撲克牌

　　除了鬼牌以外的52張撲克牌

♥占卜方式

1. 以希望能獲得好運的心，在心中祈求並洗牌。

2. 將撲克牌排成橫5張、縱5張的牌陣，撲克牌面面朝上。

3. 將橫、直、斜、相鄰的同點牌配對取出，如果有空位出現的話，可以移動場牌（牌陣上的牌），但不能跳格。

　　（例如假設直向恰有3張牌，第1張跟第3張同點數，需直向第2張被取出，直向第3張才能往上移跟直向第1張

配對取出）

4. 直到牌不能配對取出後，可用手上多餘的牌來遞補，手牌可以遞補空格，也可以將剩下的場牌挪移排序後，再由手牌遞補尾端的空缺。

5. 直到場牌均不能移動，或移動後仍無法取出同點組牌，則占卜結束。

♥說明

1. 如果能將牌全部配對取出，表示今日諸事大吉，做事順利。

2. 如果剩牌在10張以內，中吉，雖然有好有壞但也還算可以。

3. 剩牌在10到20張之內，一般，運勢平平。

4. 剩牌在20張以上，要多加注意、不要粗心，總能逢凶化吉。

5. 剩牌在20張以上，雖然不順利，但是用樂觀的心態去面對，畢竟，日子還是要過去的。

♥解牌範例

因為本牌陣的取牌方式跟「蒙地卡羅」（詳見本書：36頁）牌陣相同，所以在此不再贅述。

占卜心情小故事

熱愛占卜的喬琪姑娘

「運氣」其實是很玄妙的事情，雖說運勢很好，但是如果沒有其他客觀條件可以同時輔助的話，要達成目的也是件有難度的事，所以說雖然要在乎上天所帶來的好運，可是要不要做、能不能做，還是得要靠自己，如果不想做事、光等天上好運掉下來的話，恐怕好運也不會降臨的。

有的人什麼事都想要算上一算，基本上就是指喬琪這種人，有趣的是喬琪自己不會占卜，不是向朋友求助，就是行天宮地下街裡擺攤算命的算命先生，連我都不禁常自嘲地對她說，有點像她的御用占卜師。

喬琪姑娘不久前才剛離開前個讓她備受煎熬的公關工作，現在在一家雜誌社擔任月刊採訪編輯（很有趣的是，我曾經為她這份工作占卜過，中午才占卜完呢，下午對方就打電話來叫她準備去上班了）工作輕鬆，同事也很好相

處，雖然薪水很普通，不過喬琪姑娘目前還是單身，那樣的薪水也就夠了。

不過喬琪姑娘的上司是個沒大腦又口無遮攔的傢伙，本來採訪編輯的工作性質很有彈性，但是上司卻又故意在社長面前大剌剌地說喬琪姑娘怎麼上班很混，這麼晚還沒來。搞得社長下令，以後喬琪姑娘早上十點以前一定要進公司，不然就要請半天的假，喬琪姑娘覺得被上司打了個大悶棍，剛好也在這個時候，喬琪姑娘的朋友通知她說，有個規模不小的網路媒體正在徵採訪記者，問喬琪姑娘有沒有興趣去應徵看看。

「我今天跟他們有約要過去面試，幫我算算看今天運氣怎麼樣，好不好啊？」既然是喬琪姑娘所託，我就幫她用撲克牌算，牌很順利，看來情況是不錯。

「安啦！今天你運氣不錯，再加上你又是專業人才，面試要有信心。」我這麼跟喬琪姑娘說。

★　★　★

後來我問喬琪姑娘，面試的狀況怎樣，「很好啊！他們覺得我是老手了，不用訓練就可即時上戰場工作，問我需要多少薪水還有什麼時候可以去上班呢。」喬琪姑娘

這麼說，「而且公司規模比較大，路應該會比較寬廣，對於之後的職業規劃，應該是滿不錯的選擇。」

「如果這樣的話，當然要好好考慮一下囉！畢竟有潛在發展性。」我說道。

「不過……」咦？難不成喬琪姑娘還有顧慮？

「因為剛好適逢暑假，公司要派我出國去採訪，所以要換公司的話，大概要到六月才能去，上司大人暑假要自費去旅遊，又不能指望他去幫我採訪。」喬琪姑娘嘆了口氣。

「那看來是沒辦法過去那邊新公司囉？」我問。

「對啊……只能先給他們軟釘子碰了，不得已，畢竟對現在的公司，還有些責任應該要擔負的……」

「嗯嗯，看看那家公司能不能夠等你把這趟出國採訪結束了再說囉。」我跟喬琪姑娘這麼說。

即使運氣很好，但是如果沒有天時、地利、人和的話，運氣再好，成功的機率還是會打個折扣呢。

第四章

解牌小技巧

小技巧看正反牌

　　之前在選擇撲克牌時有提到，要選擇反面有花樣能分出上下的牌，這個是讓我們能夠知道這副牌，在擺牌陣時能夠辨認出，哪些牌是反牌、哪些是正牌，藉此可以獲得更多解牌的資訊，有些牌直接可以看得出正反，如紅心3，兩顆紅心在上即是正牌，反之一顆紅心在上即為反牌，不過這類的牌在52張中可直接看出的並不多，所以還是要依靠背面的花樣。

　　有些讀者可能會想說，市面上在販售的牌，連背面花樣能分辨正反的撲克牌也不好買，在這邊偷偷教各位一個偷步的方法，即當買來的新牌開封時，所有的牌都是同一個方向的牌（如果不是同個方向那這副牌就可能是有拆封過，或粗製品！），看紅心3正牌的方向，就在反面作個小記號（如果你不嫌破壞正面圖案的美觀，記號作在正面也是可以的啦～），不過記號依私人建議是用筆小點一下，折角恐會破壞牌的紙張結構，紙牌的壽命也會減短。

正反牌可讓解牌者獲得更多資訊

　　從二、三章的牌陣附上牌義來得知占卜的結果，其實讀者已經可以獲得滿明顯的答案。而本章節將所有52張牌的正、反牌義均列出，讀者可以在牌陣結束時，在剩餘的場牌中去深入了解每張牌及可能影響的因素在哪裡。

　　熟習所有的牌及牌的正反意義，可能對初學者來說會比較辛苦，其實就學習占卜的立場，筆者會建議不妨在算命時直接參閱本書，畢竟撲克牌不比塔羅牌的大秘儀，52張跟22張畢竟還是有記憶數量上的差別。

　　不過在本書的第一章即提到過，撲克牌4種花色的主要意義，讀者可從花色的意義上去聯想來輔助記憶，外加上沒事想到就算算，熟能生巧，想必很快就能記住52張牌的牌義了。

五十二張牌的正反意義

紅心

關鍵字──友情、愛情、好事情、心靈

正位：一切都處於順利的狀態，是張幸運的好牌，鄰近的牌如果多是紅心就是有關於情感上面的牌。梅花則代表喜慶。有發展、覺醒、出發喜事的意味。

反位：過於相信自己的力量，變得任性而剛愎自用。過於沉醉在幸福中，卻忘了也要檢視周遭環境的象牙塔牌。

正位：很具有魅力、而且處事成
　　　熟見多識廣的男人，心地
　　　體貼、善良，有父親、長
　　　兄味道的人。

反位：小心異性的妒忌跟怨恨，
　　　因異性的喜愛而產生的問
　　　題可能不少，也要小心可
　　　能有急性子、過於感情用
　　　事的問題。

正位：代表溫良賢淑、人見人愛
　　　的女性，容貌、心地都
　　　很好，所謂「窈窕淑女，
　　　君子好逑」，是一般男性
　　　都會憧憬嚮往的對象的代
　　　表。

反位：因為太過自信於自己的女
　　　性魅力與特質的女性，異
　　　性運勢過強，導致男性自
　　　尊心受損，甚至有可能造
　　　成琵琶別抱的情形。

正位：天真而又浪漫的異性象
　　　徵，象徵著純情又親切的
　　　鄰家男孩，可惜的是沒什
　　　麼來電的徵兆。

反位：因為凡事跟他人親和，再
　　　加上天真浪漫的個性，常
　　　常無法開始一段真正的戀
　　　情。

正位：會敬老尊賢，有著溫和個
　　　性的異性，同時也會是優
　　　秀的伴侶跟忠心的朋友，
　　　能為家庭帶來和諧。

反位：和諧的關係遭到破壞，有
　　　可能是因為對方的溫吞或
　　　是優柔寡斷所引起的，或
　　　是因為過於溫和的性格導
　　　致當痛苦的夾心餅乾。

正位：藉由實現自我，來讓希望以及夢想能夠實現，基本上這張牌有著時候已到的意思，如果鄰近有黑桃出現，時間會延遲些。

反位：利欲薰心，開始對人不信任，也對他人所交付給你的工作漫不經心，相對來說就顯得有點怨天尤人。

正位：有追尋更豐富的生活力量的含意，可延伸為新生活著手新事業的開展，可能會有新戀情的發生，或跟意想不到的人認識。

反位：要注意因為小心眼而傷害他人的事情發生，或是因為這樣不識大體的舉動，影響到他人對你的看法。

正位：在追尋感情的當下，有著
反覆無常的幸運，以及極
端的不平常，有可能在這
瞬間世界都變了樣。

反位：要注意事情可能非你想像
的那樣，可能別人對你的
好意本質並非是如此，你
可能要反省自己是否有某
些行為引發他人的反應。

正位：穩定的情感，能奉獻出純
潔無瑕的感情，好心必定
會有回報，同時此牌也包
含有寬容的意思。

反位：要小心因為過於純真而吃
虧上當，尤其是女性，拿
到此牌可能有被男人騙，
甚至騙財騙色的徵兆。

正位：在戀愛方面，跟異性朋友或是結婚對象交往順利、過著安靜且平淡的生活，但順利的情況中，又有一點小小的失落感。

反位：怯懦、依靠別人的個性，甚至有些優柔寡斷，如問身體健康，則現顯出情況不佳的情形。

正位：老神在在的一個人過日子，引申有晚婚、單身的意思，晚婚得到幸福的機率比較大。也有大器晚成的意思。

反位：人緣不佳，有可能是個人情緒無法好好掌控所引起的，也有可能是凡事愛管閒事，遭致嫌惡。

正位：以預先充分的準備，再加以按步就班的努力，終能達成想要的希望。不過要小心的是，切勿有過於激動的行動跟言語，不可得意忘形。

反位：缺乏積極性，懶惰的個性致使周圍的人的不滿情緒高漲，有可能因此失去重要的朋友。

正位：拿到這張牌的人目前情緒是非常平和圓融的，所以身邊的事物也相當的完備完善，有成功、結婚、約會等好事發生的牌。（附近牌有壞牌表示時程會晚些）

反位：有目標仍不清楚，不好好把握幸福的牌義，切忌疏忽大意，拿到這張牌的人，要小心對方是否有想腳踏兩隻船的意圖。

方塊

關鍵字──貨幣、錢、經濟相關的人事物

正位：戒指、錢、信件、禮物，
可能有飛黃騰達的機會。
例如中獎、意外之橫財；
如果問題是非偏財型的外
援，即有可能是家族的援
助。就人來說，是富有多
金型的人。

反位：突然而來的災害，導致損
失大量金錢及財產。如果
是女性的話，常有因為購
物慾望或是任性而導致花
費大筆金錢的意味。另外
要注意跟財務有關的糾紛
或是欺騙行為。

正位：熱情、行動派，在財務經
　　　濟上得心應手的男性，
　　　或是對金錢方面握有控制
　　　權。有大男人的傾向。

反位：對財務槓桿運作十分了
　　　解，但因此落入過於自信
　　　而變得獨斷獨行，也因為
　　　這樣反而會遭致孤立而無
　　　後援的局面。

正位：具有女性特質的牌，喜歡
　　　社交、在金錢中打滾的女
　　　性，甚至帶有一點愛慕虛
　　　華的個性，凡事以錢為著
　　　眼點。

反位：因為太虛榮導致引起對方
　　　反感，甚至是引發不良後
　　　果（例如因為勢利眼太愛
　　　錢而分手）的事情。

正位：在金錢的獲得以及求取上有專有心得的特質，最大的特徵在於活潑開朗、新鮮人的特質。

反位：經驗太淺，過於輕率而忽略了目前的損失，有那種面子跟裡子不同，本以為賺錢但卻是賠錢的狀況。

正位：代表金錢、領土、旅行、家庭經濟援助，像是「嘴裡含著金湯匙」，不必為錢而操煩勞憂的情形。

反位：象徵因為獲得太多的幸福而不知道要好好把握，即使有大筆的金錢也不知好好珍惜，遭致身邊的人嫌惡之狀況。

正位：有努力、遷徙、換工作的象徵意義，也有積極拓展財源、經濟狀況的意象，不過好中帶壞，甚至有演變成公私不分的可能。

反位：因公私分不清楚，而且過於主張自己的利益，結果極有可能是為了利益不惜以欺瞞或誘拐的方式獲取錢財。

正位：晚年幸福，經濟狀況充裕，也有晚婚的意義，好事總是來得比較晚，但有流於頑固自私的傾向。這張牌代表的是根基紮穩，自然財富就會到來。

反位：缺乏根基支持，過於關注自我，而忽略身邊周遭人的感受，恐招致無財也無人關注的不佳後果。

正位：要去做的這件事情，用三分力可能會獲得五分力的效果，但要極力適應，並保持謙虛的心態。不謙虛很容易遭致他人中傷、毀謗而導致失敗。

反位：小心他人的口蜜腹劍，別人口頭上的稱許只不過是為了要獲得你的好處，要小心不要被蠱惑及煽動。

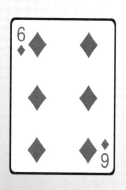

正位：穩定的財務狀況，是在幸福之中過著無憂無慮的日子，但是在快樂中仍要有一絲警覺之心，才不會讓快樂稍縱即逝。

反位：長久以來的財務穩定情形，因為過於自滿而忽略了可能的危機，要小心可能有被人扯後腿的情形。

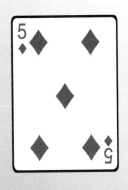

正位：生活安定，事業穩定進展，展現出精神上與財務上的平和狀態，但要小心的是不要抱持過大的野心。

反位：外來的花言巧語或是激發你去展現野心的同時，可能忽略了自己的真正實力，而導致失敗狀況發生。

正位：身邊的財務基礎出現崩壞的情形，有可能是在你身邊的家人、朋友，或金錢往來對象產生糾紛。此時建議可以出外旅遊，眼不見為淨。

反位：你或是身邊的友人，金錢財務的亂象還無法一時平息，彆扭的卡在那邊說上不上說下不下，唯一的方式只有耐心等候。

正位：金錢、物質、精神都蒙受
　　　損失的牌，可能有爭執、
　　　吵架、分手、別離的徵兆
　　　或情形，而在錯誤跟失敗
　　　中可以獲得某些程度上的
　　　學習跟成長。

反位：金錢、精神、物質遭受損
　　　失的跡象十分的明顯，或
　　　許是從很久以前就認識的
　　　人。但在努力以及不斷的
　　　改進學習中，可獲得再次
　　　成功的契機。

正位：構築在財務跟經濟基礎上
　　　的牌，是不被周遭的人祝
　　　福的感情或事件。如果是
　　　在問戀情的話，要小心經
　　　濟面上的糾紛。

反位：經濟面上的糾纏正影響著
　　　你跟對方的關係，唯一能
　　　做的就是以冷靜的態度來
　　　看清事實的真相，並且解
　　　決它。

梅花

關鍵字——朋友、人緣、工作

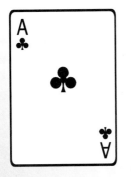

正位：長時間的努力開花結果，
富裕、繁榮、事業的成
功，以及友情正圍繞在你
四周。

反位：勿太沉溺於自己的幸福現
況當中，可能會出現嫉妒
你的人。要跟朋友多加聯
繫，也要記得不要露出自
滿的樣子！

正位：事業順遂有成的男人，重
　　　視友情，並且是可能很具
　　　有説服力跟號召力的意見
　　　領袖。

反位：因為親和而且富有成熟魅
　　　力，導致女人緣頗佳，容
　　　易陷入桃色陷阱或是引起
　　　某些不必要的誤會。

正位：同性的良友、或是異性的
　　　賢內助。有著純潔、溫和
　　　及謙虛性格的女性，可引
　　　申是相當合得來的伙伴。

反位：因過於幸福而遭妒的牌，
　　　要注意是否有利害相關的
　　　人，因妒忌而離間你跟異
　　　性或是朋友之間的感情。
　　　手）的事情。

正位：寬大、親切、有度量的男
性對象或友人，受到大家
的喜愛跟信賴，作風輕快
爽朗。

反位：小心因少不更事而被外人
所欺騙，即使被欺騙也要
堅定己志，維持自己的風
格，而不要喪失原先開朗
的人生觀。

正位：超級幸運的好牌，例如意
外之財、中樂透，或是獲
得大筆資金、獲得強而有
力的夥伴的幫忙，很多事
情都進行得相當順利。

反位：工作或學業過於得心應手
而驕態畢露的牌相。要
注意做每件事都要恰如其
分，不需太多也不能太
少。

正位：凡事不看得太簡單，許多事情要去實行並不是表面上所見的那樣情形，要以穩重的態度來著手，有展開新生活的意思。

反位：要注意因為太老實而被別人的花言巧語欺騙，而且事情的情形可能跟對方說的不甚一致。

正位：無話不談、值得信賴的朋友，但有可能因金錢反目，故好朋友之間絕對不要有金錢往來的問題。

反位：對金錢相當的計較，但是即使如此的斤斤計較，能存下來的畢竟還是非常有限，因為一方面支出也多的緣故。

正位：萬事如意的好牌，可能有意外獲得的禮物，或是遇到許久沒聯絡的朋友。如果是指工作上的話，表示有好工作或是目前工作得心應手。

反位：錯失良機的牌，有可能是已經錯失了一個重要的好機會，另外也要小心異性的問題，或是要避開醜聞。

正位：跟朋友一同經營事業能夠獲得不錯的成績。或是接受其他人請託的工作能夠順利完成，還能增進自己的知名度及聲望。

反位：不聽從朋友或親密夥伴的規勸，一意孤行遭致失敗，建議是以謙虛的態度來對待事情，即使是突然地「麻雀變鳳凰」也要以和為貴。

正位：跟金錢有關的一切事物，事事順心，無論做任何事情，也能圓滑周到，但重要的是要用理性去行動，是具有好的開始的牌相。

反位：要注意因為過於順利，而把所有的事情看得太天真太美好，導致突發狀況發生，一時不察而落馬的情形。

正位：一蹶不振，沒有生氣而導致突發危險或計畫中斷的警告牌。建議切勿焦急，一步步按部就班處理。

反位：自暴自棄，遇到有問題的狀況寧可眼不見為淨，或是根本不聽信別人的勸告盲目行動。

正位：周遭環境發生變化的跡
　　　象，例如再婚，或是新交
　　　男（女）朋友，有了新的
　　　交往對象。

反位：要大膽假設，小心的判
　　　斷，這時剛好是一個轉化
　　　的階段，好好的下決定對
　　　未來有很大的幫助。

正位：有獨立一人要完成事情的
　　　跡象，遇到反對你或是工
　　　作上意見相左的同事，不
　　　能有依賴他人面對之心，
　　　要強調自我的主張。

反位：當你決定要做一件事情，
　　　正要跟家族或朋友分享的
　　　時候，可能會遭到家族或
　　　是親友的反對。

黑桃

關鍵字——不祥的預兆、失敗、禍福相倚

正位：有人說這是凶運紙牌之
　　　最，是不幸、失敗、失
　　　戀、失和，象徵低潮時
　　　期的牌。不過往好處想，
　　　過了這段時期就能否極泰
　　　來，要有度過這種情形的
　　　心理準備。

反位：即使目前是沉浸在美好的
　　　幸福之中，也要小心可能
　　　會有意想不到的事情破壞
　　　現有的幸福。如果目前有
　　　些想進行的事，恐怕會是
　　　事與願違。

正位：擁有金錢、地位、權勢的
　　　男性，同時也有野心家的
　　　特質，操弄權謀，甚至犧
　　　牲他人利益都在所不惜的
　　　危險人物。要小心可能有
　　　盛氣凌人的態度。

反位：可能會有意想不到的欺
　　　騙，或是半路殺出一個程
　　　咬金的情形，一旦掉以輕
　　　心，就有可能落入某些圈
　　　套或是不好的結果。

正位：象徵著被同性所不喜歡的
　　　女性，尤其可能是年長女
　　　性，或者是有著嫉妒、壞
　　　心眼、好管閒事、閒言閒
　　　語的特質，要小心這類女
　　　性在你身邊的破壞力。

反位：充滿著歇斯底里特性的女
　　　性，稍有風吹草動，就會
　　　疑東疑西的，反覆無常又
　　　情緒化的反應常會讓他人
　　　無所適從。

正位：以自我為中心的年輕男
　　　性，雖有能幹的頭腦，卻
　　　可能有輕佻、不能讓人十
　　　足信任的感覺。這樣的男
　　　性通常也常有善於勾搭異
　　　性、浮誇的傾向。

反位：有著目中無人、凡事覺得
　　　自己是高高在上的特性，
　　　通常讓人無法親近同時也
　　　不受到他人的喜愛，高傲
　　　的態度甚至會遭致別人的
　　　怨妒。

正位：相當正面衝擊的災難牌，
　　　像被戀人誤解而分手、情
　　　人的反叛、遺失了重要的
　　　物品等等直接影響現今狀
　　　況的問題。

反位：災難的反向思考牌，如果
　　　拿到這張牌時，運氣正是
　　　低落的時候，而好運即將
　　　會到來，所有的不好運勢
　　　將會逐漸清空。

正位：就壞運來說，這張牌頑強
的讓人有些不知所措，即
使是相鄰的牌再好都可能
被這張牌連累。

反位：時間會是讓壞運消失的最
佳良方，只要以信心面對
困境，沒有什麼度不過的
難關。

正位：在工作、學業、戀愛上可
能會遇到很棘手的對手，
為了迎戰對手，需要儲備
大量的能量來迎接挑戰。

反位：現在做什麼事很有可能都
會徒勞無功，或許此時可
以倚靠宗教來做心靈的支
柱。

正位：代表悲傷、失落、失去、
　　　關係斷絕的牌，也有代表
　　　著計畫失敗、告白失敗的
　　　含意。

反位：目前正因為低落的運氣而
　　　喪失了信心，如果有打
　　　算重新出發或是重新做起
　　　的打算時，將有好轉的機
　　　會。

正位：經過了長期的波折以及勞
　　　苦的歷程之後，開始顯露
　　　曙光，或許能跟人重修舊
　　　好破鏡重圓，中斷的計畫
　　　能夠敗部復活，但重點還
　　　是要有持續的毅力。

反位：目前可能處在一種苟且偷
　　　安，得過且過的狀態，或
　　　許應該要調整心情，來面
　　　對這樣的處境。

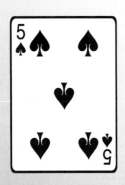

正位：憤怒、精神打擊、疲倦的牌面，另要小心戀愛中的人，情人說不定想離你而去。建議以開闊的心情來面對一切難處，事情或許會有轉機。

反位：因為煩惱與苦悶，影響你的精神與肉體。甚至可能會有精疲力竭，對一切事都難以起勁而讓事情擺爛的行為發生。

正位：小事不斷讓人煩心不已，例如永遠覺得忙不完的工作、跟情人之間總是有些小口角，同時也有可能因為別人一句無心的話導致煩惱頻頻的狀況。

反位：你所認為最可信的人，或是至親好友，可能會有無意間傷害到你或是透露你的消息，會讓你覺得有受傷的感覺。

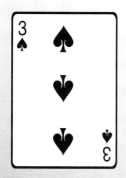

正位：暗示戀人及夫妻間很容易產生糾紛或誤解，尤其是因為心浮氣躁所導致出的負面情緒。如果占卜與旅遊相關的事，要小心可能會發生與水相關的問題。

反位：在感情上面，要小心不要變成別人的第三者，或是跟已婚者做不倫的交往，這可能會為你帶來一段苦澀的經歷或是回憶。

正位：要小心受到別人花言巧語的欺騙，也需要注意是否有被人孤立，排除在外的跡象，或是財務上的遭逢困境與孤立。

反位：要了解此一時也彼一時也的狀況差異，可能之前的夥伴現在漸漸疏離，在信任的程度上或許要有些調整。

東西命理館06
撲克牌愛情開運占卜

作　　者／譚羽晨
責任編輯／何宜珍
美術設計／葉美卿

發　行　人／何飛鵬
法律顧問／台英國際商務法律事務所　羅明通律師
出　　版／商周出版　臺北市中山區民生東路二段141號9樓
　　　　　　　　電話：(02) 2500-7008　傳真：(02) 2500-7759
　　　　　　　　E-mai：Gbwp.service@cite.com.tw
發行／英屬蓋曼群島商家庭傳媒股份有限公司　城邦分公司
　　　　臺北市中山區民生東路二段141號2樓
　　　　讀者服務專線：0800-020-299　24小時傳真服務：02-2517-0999
　　　　讀者服務信箱E-mail：Gcs@cite.com.tw
　　　　劃撥帳號：19833503
　　　　戶名：英屬蓋曼群島商家庭傳媒股份有限公司城邦分公司
訂購服務／書虫股份有限公司　客服專線：(02)2500-7718；2500-7719
　　　　　　服務時間：週一至週五上午09:30-12:00；下午13:30-17:00
　　　　　　24小時傳真專線：(02)2500-1990；2500-1991
　　　　　　劃撥帳號：19863813　戶名：書虫股份有限公司
　　　　　　E-mail：Gservice@readingclub.com.tw
香港發行所／城邦(香港)出版集團有限公司
　　　　　　香港 灣仔 軒尼詩道235號 3樓
　　　　　　電話：(852) 2508 6231或 2508 6217　傳真：(852) 2578 9337
馬新發行所／城邦(馬新)出版集團
　　　　　　Cite (M) Sdn. Bhd. (45837ZU)
　　　　　　11, Jalan 30D/146, Desa Tasik, Sungai Besi, 57000 Kuala
　　　　　　Lumpur, Malaysia.
　　　　　　電話：603-90563833　傳真：603-90562833
印　　刷／鴻霖印刷傳媒事業有限公司
總經銷／農學社
　　　　　　電話：(02) 2917-8022　傳真：(02) 2915-6275

城邦讀書花園
www.cite.com.tw

行政院新聞局北市業字第913號
2007年（民96）12月04日初版
定價220元
著作權所有，翻印必究
ISBN 978-986-124-943-8
Printed in Taiwan

國家圖書館出版品預行編目資料

撲克牌愛情開運占卜／譚羽晨著.
──初版.──臺北市：商周出版：
家庭傳媒城邦分公司發行發行,2007[民96]
面；　公分.──（東西命理館；6）

ISBN 978-986-124-943-8（平裝）
1. 占卜 2.撲克牌

292.9　　　　　　　　　　96017466